はじめに

本書を手にとるあなたは、今どんな場所にいるだろうか？

サークル活動と授業の合間に、大学の書籍売り場で目にとまった本書を立ち読みしてくれている学生さんだろうか。

それとも営業の外回りの途中で、書店のビジネス書の新刊コーナーに立ち寄った入社3年目の若手社員の方だろうか。

もしかすると多くの部下を抱えて、会社のなかで責任ある立場についている50代の方が、たまたまネットの書評を読んで、Amazonで購入してくれたなどということもありえるかもしれない。

いずれにしろ、星の数ほどの本がこの世にあるなかで、本書を手に取っていただいたことに感謝の意を表したい。

本書を開いてもらったついでに、著者の私からひとつだけお願いがある。

目を閉じて考えていただきたい。

あなたに「本当の友だち」は何人いるだろうか？

現在の日本は、かつてなく「仲間づくり」（チームアプローチ）が重要な時代となっている。

その理由のひとつには、「グローバル資本主義の進展」がある。

グローバル資本主義とは、世界全体がひとつの市場になって「消費者」と「投資家」のおカネを引きつけるために、世界中のあらゆる「企業」が国境を越えて競争している状態のことを指す。

世界中の消費者は、自分の必要としている品質の製品を、世界中から探して「もっとも安く」手に入れることができる。投資家は、全世界の会社のなかからもっとも効率よく儲けさせてくれる会社やプロジェクトに資金を提供し、そうでない会社・プロジェクトからは、一瞬にして資金を引き上げる。

この世界レベルでの消費者と投資家のお金の動かし方は、国家、企業から個人の人生にまで避けがたい影響を与えている。

2007年に世界経済を失速させたサブプライム問題と翌年のリーマン・ショックも、2013年夏の参議院選挙で争点のひとつとなったTPP問題も、突き詰めれば、このグローバル資本主義が世界全体にゆき渡ったことで、生じたものだ。

世間では、グローバル資本主義の影響の大きさと、時に見せる残虐性を批判する人も少なくない。

たしかにグローバル資本主義というと何か凶々《まがまが》しい「化け物」のようなものを思い浮かべがちだ。だが、その正体は、私たち一人ひとりの「少しでもよいものを、より安く買いたい」という思いの集積にほかならない。

つまりグローバル経済とは、私たち人類の欲望の総計として、必然的に生み出されているものなのだ。

この「グローバル資本主義」は、これまで日本がお家芸だった、「よりよい商品をより安く大量生産する」というビジネスモデルを急速に葬《ほうむ》り去りつつある。

中国や台湾、韓国、そしてインドなどの新興国の生産管理技術が格段に向上して、ハイテク家電もパソコンも「コモディティ」となったからだ。

コモディティというのは、もともと「日用品」を意味する言葉だが、経済学では「どのメーカーの製品を買ってもたいした差がない、成熟した商品」のことを指す。

テレビ、携帯電話、パソコン、自動車といった20世紀にわれわれの生活を一新した製品はすっかりコモディティとなった。日本メーカーの製品は新興国の製品に価格的に太刀打ちできなくなり、商品の細かい機能で差別化したところで、大きな利益をあげることはできなくなってしまった。

2012年、パナソニックとソニーという日本の戦後復興の象徴であった名門企業が、巨大な赤字に苦しんでいることが大々的に報じられた。

戦後日本の礎《いしずえ》となってきた「よりよい商品を、より安く」というビジネスモデルは、新興国にその地位を完全に奪われつつあるのだ。

一方で、世界市場を見てみると、あらゆる業界で競争が激化し、産業の浮き沈みのサイクル、ビジネスモデルの耐用年数が、どんどん短くなっている。

かつて『日経ビジネス』が「企業の寿命30年」という特集を組み話題になったが、今では一世を風靡《ふうび》したビジネスモデルが、3年、いや1年と持たないことも珍しくない。

この企業の栄枯盛衰のサイクルが極端に短期化したことによって、ひとりの人間が生きるために働く40年ほどの現役生活において、ずっと同じ会社で同じ職種を続けることは、ほとんど不可能になってしまっている。

商品だけでなく、「人間のコモディティ化」がはじまっているのだ。

次々に変わるビジネスモデルの潮流にあわせて、企業のなかの仕事はどんどん仕組み化され、国境を越えて、より給料の安い人にアウトソーシングされていく時代になった。

技術の革新は、それまで100人の労働者が必要だった仕事を、ひとりのオペレータとコンピュータに置き換え、99人の失業者を生み出すことになった。

働いても働いても、暮らしが楽にならない。企業の業績はよいのに、働く人々の生活は変わらない。昨今大きな社会問題となっている「ブラック企業」が増え続ける本質的な原因も、人間のコモディティ化にある。ブラック企業では、商品同様、コモディティとなった人材はたとえ正社員であっても安く買い叩かれる。

世界のグローバル化が今以上に進展していくことを押しとどめるのは不可能だ。もちろん行き過ぎたグローバリズムの弊害は是正されねばならないが、その流れに背を向けることは、日本を再び「鎖国」することと本質的には同じである。

それでは私たちは、コモディティ化から逃れ、人間としてより豊かに、幸福に生きるためにどうすればいいのだろうか。

その答えこそが、「仲間」をつくることだ。

現在の日本は、パナソニックやソニーなどこれまでこの国を牽引してきた株式会社という組織を筆頭に、かつて有用だった仕組みが緩《ゆる》やかに解体されて、再構築される途上にある。既存の組織や枠組みに替わって、個人が緩やかなネットワークでつながり、その連携のなかで学習や仕事をし、プロジェクトベースで離合集散するという世界観が、現実のものになりつつある。

どれだけコンピュータの性能が上がろうと、コンピュータ同士が自ら目的を持ってチームを立ち上げることはない。

常に複数の緩やかなつながりを持った組織に身をおき、解決すべき課題を見つけて、共通の目標に仲間とともに向かっていくこと。

これがグローバル化が進展する時代に、人々が幸福に生きるための基本的な考え方になるはずだ。

本書では、さまざまな事例を紹介しながら、今この時代にどうすればよい仲間と、本当に機能する〝武器としてのチーム〟をつくることができるのか、解説していく。

読み終えたときには、『君に友だちはいらない』という本書タイトルの真の意味を、ご理解いただけるはずだ。

「はじめに」のまとめ

★グローバル化した市場で、世界レベルの競争が行われる「グローバル資本主義」は「よりよいものをより安く」手に入れたい人間の基本的な欲望に基づいている以上、逃れようがない。

★あらゆる商品、サービスのコモディティ化、そして、人材のコモディティ化がブラック企業が跋扈《ばっこ》する一番の原因である。
★人材のコモディティ化を乗り越える方法は、「武器としてのチーム」を自ら創り出すことしかない。

君に友だちはいらない

もくじ

第1章 秘密結社をつくれ

Establish your trusted society.

第2章 本当の「よいチーム」とはなにか

What is the true meaning of a "good team"?

第3章 ビジョンをぶちあげろ、ストーリーを語れ

Give your vision,
and repeat your story.

第4章 よき仲間との出会いのために

Maintain close relations with your good friends.

第5章 チームアプローチはあなたと世界をどう変えるか

How does
the team approach
change "us" and
the world positively?

第一章

秘密結社をつくれ

Establish
your trusted
society.

「資金がたんまりいる」

「まあ、あと、頭がイカレてないとな」

「それと、君達とおなじぐらいイカレた仲間が必要だな」

「誰か心当たりはあるかね？」

Well-funded.

You gotta be nuts too.

And you're gonna need a crew as nuts as you are.

Who do you got in mind?

『オーシャンズ11』

『七人の侍』という奇跡を成し遂げたチーム

『七人の侍』という映画がある。

1954年に公開された本作は、「世界のクロサワ」こと黒澤明監督の代表作だ。舞台は戦国時代。盗賊と化した野武士集団のたび重なる襲撃に怯《おび》えて暮らす百姓たちが、対抗手段として7人のサムライを雇い入れる。性格も出自もさまざまな7人のサムライたちが、「村を守る」というひとつの目的のもと、村人とともに野武士たちに壮絶な戦いを挑むというストーリーである。

50年以上前の古い映画のため、若い人はご覧になっていないかもしれない。だが世界の映画史上、もっとも偉大な監督たちに、多大な影響を与えたのが黒澤の映画であり、なかでもこの『七人の侍』であると言っても過言ではないだろう。

『ジョーズ』や『E.T.』『インディ・ジョーンズ』『シンドラーのリスト』など、数々の世界的大ヒット映画を作ってきたスティーブン・スピルバーグは、その作品のなかで、黒澤映画のシーンをお手本にしていることで知られる。

スピルバーグは新しい映画の企画を考えたり、撮影中に行き詰まると、自分に映画の面白さを教えてくれた黒澤の映画、とくに『七人の侍』を見返すほど深い尊敬を黒澤に抱いており、1990年には黒澤監督の『夢』の制作にも協力した。

フランシス・フォード・コッポラは、学生時代に「映画をノーベル文学賞の受賞対象に加え、黒澤氏に贈るべきだ」という手紙をノーベル事務局へ送るほどの黒澤のファンで、その代表作『ゴッドファーザー』の冒頭、マフィアの結婚式シーンも、黒澤の『悪い奴ほどよく眠る』に着想を得ているという。黒澤が亡くなったときには、「並ぶもののない巨匠だった」という談話を発表した。

ジョージ・ルーカスは35年以上にわたって世界中のファンを魅了し続ける『スター・ウォーズ』シリーズの制作にあたって、「黒澤が作ったサムライ劇を、SFを舞台にして再現したかった」と語っている。同作に出てくるロボットの二人組は、黒澤の『隠し砦の三悪人』のオマージュであることでも有名だ。

『七人の侍』の脚本を書いた橋本忍は1960年代に映画のシンポジウムでモスクワを訪れた際に、「世界の国々の、映画学校のテキストには、『七人の侍』のシナリオが一貫して取り上げられている」と聞いたという。

緻密な時代考証に基づくディテールの作りこみ、圧倒的なリアリティと映画史上に残る迫力の合戦シーン、7人のサムライたちの秀逸な人物造形など、本作の魅力を語り尽くすには、紙幅がどれほどあっても足りない。

だがなんと言っても『七人の侍』の土台を支えているのは、世界中の映画人から「完璧」と賞賛されるそのシナリオである。

私が「あるべきチームの姿」について語る本書の冒頭で、この『七人の侍』を取り上げるのは、この映画こそが「チームの持つ力」によって世界的名作となったと考えるからである。

『七人の侍』のシナリオは、黒澤明、橋本忍、小国英雄という当時の日本を代表する脚本家の3名のチームによって書かれた。

シナリオの発端となったのは、あるとき黒澤が抱いたひとつの疑問だった。

「昔の武芸者は、腕を磨くための武者修行の旅に必要な金を、どうやって工面して全国をまわったのだろうか?」

映画会社の時代考証の担当者に尋ねると、

「室町の末期から戦国時代の頃は、全国的に治安が悪く、盗賊や山賊がたむろしていた。だからどこかの村へ入って、一晩寝ずに夜盗の番をすれば、どこの村でも百姓が腹一杯に飯を食わし……出立するときには乾飯《ほしいい》をくれたんだ」

そう答えが返ってきたのだ。橋本はそのときの様子についてこう記している。


「百姓が侍を雇う？」

「そうだよ」

私は瞬間に黒澤さんを見た。黒澤さんも強い衝撃で私を見ている。二人は顔を見合わし、無意識に強く頷き合っていた。

「出来たな」

黒澤さんが低くズシリという。

「出来ました」

二人のやり取りに本木荘二郎がキョトンとしたが、次の瞬間には何かを期待して固唾を飲む。

私が黒澤さんに確かめた。

「侍の数……百姓が雇う侍は何人にします」

「三、四人は少な過ぎる。五、六人から七、八人……いや、八人は多い、七人、ぐらいだな」

「じゃ、侍は七人ですね」

「そう、七人の侍だ！」（橋本忍『複眼の映像』文春文庫より）

このアイディアをシナリオへと落としこむために、黒澤は自分と橋本、そして小国英雄という3人のチームによる執筆体制を組む。

この3人は黒澤監督の前作、1952年公開の映画『生きる』の脚本を執筆したチームでもあった。映画『生きる』は、胃がんを宣告されて余命いくばくもないことを悟った小役人が、生きることの意味に真摯《しんし》に向き合いはじめる姿を静謐《せいひつ》なトーンで描いた作品で、今なお黒澤映画の「ベスト1」に推す人も少なくない名作である。

小国英雄は当時、100万円あれば家が建つと言われていたときに、一本の脚本で50万円ものギャラを得ていたという超売れっ子の脚本家だ。『生きる』の共同執筆の際には、主人公の男がどういう人間なのかを他の二人に説明するために、「うどんをどのような手つきで食うか」を微に入り細に入り説明した。徹底的に人物を掘り下げることによって、作品に生命を吹き込むタイプの職人的脚本家である。

橋本忍は日本映画の基礎を作った戦前の名監督・脚本家の伊丹万作（『タンポポ』『マルサの女』の監督で知られる伊丹十三の父）の唯一の弟子であり、当時新進気鋭の脚本家として売り出し中の若手として知られていた。黒澤とは『羅生門』の脚本で初めて仕事をともにしてから、これが3本目の作品となる（同作は戦後間もない1951年にベネチア国際映画祭で金獅子賞を受賞し、敗戦に打ちひしがれていた当時の日本人に大いに誇りを取り戻させた）。

再びこの3人でチームを組んだ黒澤は、『生きる』以上の意気込みで『七人の侍』の脚本執筆に取り組んだ。

ストーリーの骨組みとなる第一稿を橋本が書くと、それをもとに完成稿を作るため、3人は熱海の旅館にこもった。黒澤は武士たちのキャラクター作りのために、ノートに絵と文字でびっしりと各人の特徴を記していた。

7人のサムライのリーダーは、歴戦の勇士である「勘兵衛」。武運に恵まれず負け戦《いくさ》が続き、浪人として漂泊していたとき、盗人《ぬすっと》が幼い子どもを人質にとって納屋に立てこもる場に遭遇する。勘兵衛が僧侶の姿に扮して盗人に近づき、一刀のもとに切り捨てた姿を見た村人たちは、「この人こそ、自分たちの村を救ってくれるサムライだ」と確信する。冷静沈着な行動力と人を包み込むような度量の大きさを持ちながら、敵前逃亡しようとする農民に対しては、「自分のことしか考えない奴は切る」と厳しい姿勢を示す、リーダーの鑑《かがみ》のような人物である。

映画の前半は、勘兵衛がともに戦う「仲間」を集めていくストーリーが中心となる。

勘兵衛をわきでがっちり支えるのは、穏やかな参謀役の「五郎兵衛」。勘兵衛の「腕試《うでだめ》し」（棒切れでトビラの陰から殴りかかる）を一瞬で見抜き、「ご冗談を」と笑って返すエピソードは、実在した剣豪・塚原卜伝の伝説がもとになっている。

「七郎次」はかつて勘兵衛と数々の戦をともにした忠実な家臣で、再会したときには物売りをして暮らしていた。リーダーが考えていることを何も聞かずに察知し、黙って実行する「古女房」タイプの部下だ。

「腕はまず、中の下、しかし、正直な面白い男でな。その男と話していると気が開ける。苦しいときには重宝な男と思うが」と評されるのは、明るいムードメーカーの「平八」。

野武士との戦闘でもっとも活躍するのは、宮本武蔵をモデルにキャラが造形された「久蔵」である。感情をほとんど表に出さないが、比類ない剣の腕を持ち、ときには敵陣に一人で乗り込んで、鉄砲を奪ってくる。その強さとサムライの理想像のような姿は観客をしびれさせ、フランスやアメリカにも多くのファンを生んだ。

勘兵衛をはじめとするサムライたちに必死でついていくのが、元服前で武士としては半人前の「勝四郎」だ。若き勝四郎は戦いのさなかに村の娘と恋に落ち、大人へと成長していく。

そして物語でもっともダイナミックな役割を果たすのが、百姓の孤児として生まれたにもかかわらず、サムライを騙《かた》って勘兵衛たち一行に加わる「菊千代」だ。乱暴者で傍若無人な人柄だが、型破りに明るく、トリックスターとして物語をひっかき回し、当初はお互い疑心暗鬼だったサムライと農民とのあいだを繋《つな》いでいく。

黒澤明の脚本作りの特徴は、黒澤自身を含む複数のシナリオライターによる「共同執筆」にある。ふつう映画の脚本は、ひとりのライターが第一稿を最初から最後まで書き上げ、それをたたき台として監督や演出家が手を入れていく。

ところが黒澤組の共同執筆は、それまでとはまったく違うやり方を採《と》る。第一稿のたたき台をひとりのライターが作るところまでは同じでも、それはあくまでシナリオを検討するための材料にすぎない。

作品をより面白く、より深くするために、黒澤組では複数のライターが、3人いれば3人それぞれが、同じシーンを用意ドンで書き直すのである。そして書き上がったシナリオを見比べて、誰が書いたものがもっとも面白いか話し合い、いちばんよくできた原稿がそのシーンの決定稿となるのである。つまり黒澤明が共同執筆で練り上げたシナリオは、通常の脚本執筆に比べて、ライターが3人なら3倍、4人なら4倍もの労力をかけて書かれているのである。しかもその間に、シナリオに欠陥がないか、登場人物にはどのような背景があるか、夜を徹して話し合うのだ。このような脚本作りのやり方は、世界のどこにも例がないと橋本忍は自著『複眼の映像』のなかで述べている。

『七人の侍』は3人の超一流のライターが、まさに骨身を削るようにして書いた脚本の、「いいとこどり」の結晶とも言えるシナリオをもとに撮影された。できあがった映画は、3時間27分という非常に長いものとなったが、それまでの日本映画の記録を塗り替える空前の大ヒットとなる。

農民とその村を守ることで、7人のサムライたちが得られる報酬は「白い米の飯」だけだ。それでも困窮した村人たちを救うことを決意した彼らは、ときにはゲリラ戦で野武士たちを急襲し、一方で、周辺の地形を利用して村を要塞化し、村人たちにも武器の使い方を教えて、総力戦で40人の野武士たちに戦いを挑む。

『七人の侍』に登場するサムライたちは、野武士たちに勝利するためには、誰ひとりとして欠くことはできない存在である。それぞれが他人にない個性と才能を持ち、互いの欠点を補いあい、自らの意志で主体的に戦いに臨んだ。

7人のサムライのなかからは凄惨な戦いによって生命を失う者が続出する。だが、強力な武装勢力から村を守るという困難を極めるプロジェクトは成功に終わり、サムライたちは、平和を取り戻した喜びに沸く百姓たちが田植えに精を出す村を後にする。そして彼らの「サムライの魂」は作中では若き武芸者・勝四郎に引き継がれ、スクリーンを通じて何百万人もの日本人、いや、世界中の人々の胸に時代を超えて受け継がれることになった。

黒澤率いる脚本家のチームも同じである。より作品を深く、感動が大きなものとなるように、いっさいの妥協を自分たちに許さず、まったく前例のない方法に挑んでのたうちまわりながらシナリオを書き上げたからこそ、類《たぐい》のない面白いストーリーがすべての俳優、撮影スタッフにも伝わり、『七人の侍』という映画は世界が瞠目《どうもく》する出来栄えとなって、空前の大ヒットを達成したのだ。

かつてのソニー、ホンダ、パナソニック（元の松下電器産業）といった日本の高度経済成長を支えた代表的な企業は、いずれも少数精鋭のチームによって、圧倒的な完成度を誇り、世界を驚倒させるようなプロダクトを生み出していった。家電や自動車だけでなく、多くの分野で日本の製品といえば、値段が安くて信頼性の高い、世界一の商品であるという地位を勝ち取っていった。ところが今では、日本が胸を張って世界一であると言える分野は、ほとんどない。

少数精鋭、圧倒的完成度、世界を驚かせるようなプロダクトやサービスを生み出すのは、アップルやグーグルのようなアメリカの企業にすっかりお株を奪われてしまった。

いったいどうすれば、再びわれわれは、『七人の侍』のようなスーパーチームを、あるいは映画史に残る傑作を作り上げた黒澤たちのようなチームをつくることができるのだろうか。これからじっくりと、ご一緒に考えていこう。

天動説が消えたのはなぜか

ビジネスモデルを論じるときによく使われる言葉に「パラダイム」という概念がある。しかし、この言葉の正確な意味を知る人は少ない。

この言葉は、科学史家のトーマス・クーン（1922〜1996）という人物が1962年に刊行した『科学革命の構造』のなかで発表した概念で、一般的には、その時代や分野のなかで、多くの人が当然のこととして見なしている価値観のことを指す。

ビジネスの世界でよく、業界内で何か革新的な変化があった際などに「パラダイム・シフトがおこった」などという文脈で使われる（ただしクーン自身は、「パラダイム」という概念を自然科学以外の分野に適用するのは拡大解釈であると考えていた)。

人類の歴史上、自然科学においてもっとも劇的なパラダイム・シフトといえば、天動説から地動説への転換であったことは間違いない。

中世の西洋社会において、カトリック教会公認の世界観であった「地球中心説」に異を唱えることは、異端尋問のすえに火あぶりの刑に処されかねない危険があった。16世紀にコペルニクスが地動説を提唱した以降も、地動説の信奉者たちは長年にわたって激烈な迫害を受け、その考えを「棄教」するよう強制されていたのである。

その後もガリレオ・ガリレイをはじめとする科学者たちが、地動説の正しさを証明するさまざまな観測結果を発表したが、それでも西洋社会において、天動説が正しいというパラダイムが揺らぐことは長らくなかった(ちなみにカトリックの総本山であるローマ教皇庁が正式に天動説を放棄し、地動説を承認したのは、1992年のことである)。

では、いったいいつ、誰によって、どんなふうに天動説が放逐《ほうちく》され、地動説が天文学の根本概念として人々に受け容れられるようになったのだろうか?

何か決定的な出来事があったのだろうか？

クーンは丹念に史書を追って、いつどんなきっかけで地動説が主流となったのか、探っていった。その結果、じつに興味深いことが分かった。

現在の私たちが過去におきたことを想像するならば、天動説信奉者と地動説信奉者が膝をつきあわせ、どちらが正しいか議論した結果、「私たちが間違っていました。今日から天動説を捨てて、地動説に宗旨変えします」という人が増えたことによって、地動説が天動説にとってかわったと考えるのが自然だろう。

ところが天動説が棄てられ、地動説が受け容れられたのは、天動説の支持者が論破されたからではなかった。主流をなしていた天動説支持者のほとんどは「地球が世界の中心である」ということを最期まで心の底から信じて、この世を去っていったのだ。

それならばどうして、天動説はあるときから見捨てられたのか。

クーンは研究の結果、その理由を「世代が入れ替わったこと」だと喝破した。

天動説の支持者のほとんどが死に絶えて、新しい世代のほとんどの人が「天動説なんて非科学的な考え方を支持するヤツは、頭がおかしいんじゃね？」と思うようになったからなのだ。

そうやって、天動説は天文学の世界から消え去っていったのである。

世の中を変えるのは「世代交代」

私のお伝えしたいことがお分かりだろうか。

それは、大きな世の中のパラダイム・シフトというのは、「世代交代が引き起こす」ということである。古いパラダイムを信じている前の世代を説得して意見を変えさせるのは、不可能であるし、それに労力を注ぐのは時間の無駄だということだ。

自分たちの信じる新しいパラダイム、必要とされるパラダイムの信奉者を、少しずつ増やしていくこと。そうやって「仲間」をつくっていくうちに、いずれ旧世代は死に絶えて、新たなパラダイムの時代となるのである。

ビジネスの世界でも、停滞している分野ほどベンチャー企業が有利であるのはそれが理由だ。業界に長い間君臨してきた企業はかつての成功体験、固定観念にとらわれているために冒険ができない。その固定観念自体が時代の変化にともない、間違ったものになってしまっていることに、気づかないのである。

身近な実例をひとつ挙げよう。この5年間で、携帯電話のソーシャルゲームがこれほどまでに流行すると気づかず、スマートフォンへの対応に乗り遅れてしまい、新興のグリーやモバゲーにゲーム市場をあっという間に奪われてしまった国内大手ゲームメーカーの姿は、旧パラダイムに縛られた悲劇を雄弁に物語っているのだろう。

これもクーンが言っていることだが、世の中を変えるのは、いつの時代も、世界のどこであっても、古いパラダイムや価値観にとらわれていない新人《ニューカマー》である。新しいパラダイムが必要になっているというのは、これまでの価値観が役に立たない状況となっているからにほかならない。まったく前例が通用しない状況のなかで、新たな環境にいち早く適応し、生き残っていくのは、常に若い世代なのである。

青年よ、小さなゲリラ的チームをつくれ

だからこそ、新しいことを始めようとしている人、そして若い人たちに必要なのが、「チーム」をつくることなのだ。新しい価値観も、新しいパラダイムも、ひとりだけの力では世の中に広めていくことは難しい。自分とビジョンを共有し、その実現に向けて行動する仲間を見つけ出して、初めてスタートラインに立つことができる。

私が大学で行っている授業を聴く学生、各所で行う講演やセミナーの受講者、執筆する本の中心読者は、基本的に20代から30代前半の若者だ。私自身、これからも自分より若い世代に、

メッセージを伝えたいと思っている。それは過去の歴史を振り返っても明らかなように、時代を変革するのは常に若い世代の人間であるからだ。

明治維新を例にとれば、薩長同盟が成立したとき、薩摩の代表・大久保利通は35歳、長州の木戸孝允は32歳だった。伊藤博文は大久保利通の亡き後、36歳で内務卿となり、事実上の国政のトップに就任した。明治政府で逓信大臣や文部大臣などの重要ポストを任された榎本武揚は、幕府の海軍を率いて函館で明治新政府軍と戦ったとき、32歳である。

ビジネスの世界も東西を問わず、革命的な企業を作り上げたのは20代から30代の若者だ。長年にわたって日本を代表する企業であり続けてきたパナソニック、ソニーは、それぞれ松下幸之助が24歳、井深大《まさる》が37歳のときに起業している。

現在の日本経済を牽引する企業であるソフトバンク、日本電産、ユニクロは、孫正義が22歳、永守重信が28歳、柳井正が35歳のときに社長になった。

アメリカの企業はさらに若い。アップルのスティーブ・ジョブズは21歳、グーグルのラリー・ペイジは25歳、マイクロソフトのビル・ゲイツとフェイスブックのマーク・ザッカーバーグにいたってはわずか19歳のときに会社を設立しているのである。

ビジネスだけでなく政治の世界も同様だ。イギリス首相のデヴィッド・キャメロンが保守党の党首になったのは39歳のとき。韓国の李明博《イ・ミョンバク》前大統領は、ヒュンダイグループの中心企業である現代建設の社長に、35歳で就任している。

重要なのは、彼らもひとりで事業を立ち上げて成功にいたったわけではなく、「チーム」の力によって大きな業績を成し遂げたということだ。歴史というのは後世「作られる」ものであることから、えてしてひとりの天才がすべてを達成したかのように語り継がれることが少なくない。

21世紀の世界を代表する天才的経営者、スティーブ・ジョブズが創業したアップルも、二人のスティーブ（もうひとりは、天才コンピュータ・エンジニアのスティーブ・ウォズニアック）が作り上げたかのように喧伝されているが、キーマンは別にいる。アップルの黎明期《れいめいき》に3人目の社員としてマイク・マークラというインテルでマーケティングの仕事に従事していた人物が加わり、彼がバンク・オブ・アメリカから貸付枠を得るなど実務面を取り仕切ったからこそ、スタートアップ当初から成功することができたのである。

日本でも若い人たちが中心となり、「ゲリラ的チーム」が各地に生まれ、切磋琢磨《せっさたくま》しながら新たなチャレンジをしていくことが今求められている。

これからの日本の変化の萌芽は、あらゆる分野において、小さなチームが新しい試みをしていくなかに見つけることができるだろう。その試みのほとんどは大成功をおさめることにはならないかもしれない。しかし、100人にひとりでも、200回に1回でも、成功するのであれば、それは社会に多大な変化をもたらす可能性がある。

失敗を恐れて萎縮する人ばかりの社会は、硬直化し、減退していくだけだ。これからの日本は何より、チャレンジする人の母数が増え、たとえ失敗しても何度でも敗者復活戦に挑める社会にすることが大切なのである。

チャレンジにもいろいろなかたちがある。ベンチャー企業を興すのもよいだろう。老舗企業のなかで新規事業に取り組むというかたちもある。地方公共団体で働いている人が、新しい産業振興策や、やったことのない観光事業に取り組むのでもよいだろう。

本書ではどうすればそのような仲間と出会い、チームをつくれるのか、数々の実例をまじえて筆を進めていく。読み終えたあなたが、仲間を見つけ出し、日本を変えるチームを結成するためのキッカケになればと願っている。

本物の「成果」を出しているチームとは、どういうものなのか。

あるべきチームの理念を語る前に、まずは具体的な実例を二つ紹介する。

いったい、どうやって、どんな人がどのように集まり、とうてい不可能と思われたミッションを成功に導いたのか、それらのチームメンバーが共有する考え方とは何なのか、実感してもらえれば幸いである。

傍流の記者たちが成し遂げた報道の金字塔、「プロメテウスの罠」チーム

まず最初に紹介するのが、大手新聞社のなかで、目覚ましい活躍をしている取材チームだ。

新聞業界を取り巻く現状は、たいへん厳しいものがある。新聞記事の多くはネットで無料で見られることから、宅配で新聞をとっている家庭は年を追うごとに激減している。

私が授業を持っている東京大学、京都大学の学生に、「新聞を家で読んでいる人」と挙手を促すと、一クラスで数人しか手を挙げない。一人暮らしをしている学生にいたっては、新聞をとる人はほぼ皆無だ。

インターネットを使いこなす彼らは、気になるニュースがあれば自分で検索して調べることができる。「わざわざ有料の新聞をとる意味がわからない」というのである。販売売上と並ぶ

収入源の広告も、企業の年間投資額ベースで、インターネット広告に抜かれてしまった。

ネットは紙面にも影響を与えている。かつては「新聞に書いてあることは本当だ」と新聞記事に信頼を寄せる人が世の中の大半を占めていたが、ネットの普及によって誰もが新聞報道に対して即座に意見や反論を表明できるようになり、その「ネット世論」が現実の政治や社会にも無視できない影響を与えるようになった。

その結果、新聞報道の「信用度」や「ブランド価値」は10年前に比べて劇的に低下している。現在、ネットに親しんだ若者のなかには、大手新聞の報道を「マスゴミ」などという言葉で揶《や》揄《ゆ》するものも少なくない。

2011年3月11日の東日本大震災・原発事故後も、東京電力や政府の言い分を垂れ流しているだけとの痛烈な批判を多くのメディアが受けた。そんな逆風のなかで、徹底的に「現場取材」にこだわる記事を連載することで、多くの人々に新聞が持つ本来の力を実感させたのが、朝日新聞の長期連載、「プロメテウスの罠」である。

連載のテーマは、東日本大震災と福島第一原子力発電所の事故災害だ。未曾有《みぞう》の天災であると同時に、政府と東電、日本の原子力行政が引き起こした巨大な人災でもあるこの大災害を、「プロメテウスの罠」では追い続けている。

この連載が始まったのは２０１１年10月３日のことだ。連載を担当するのは朝日新聞特別報道部と呼ばれるチーム。部員を束ねるのは、高知新聞から２００８年に朝日新聞社に移籍してきた依光隆明《よりみつたかあき》氏である。

依光氏が率いる特別報道チームの記者たちも、ほとんどが中途入社だ。彼らの多くはすっかり官僚化した名門新聞社のなかで、「傍流」「外様《とざま》」と見られていた。連載の１回目のシリーズを取材・執筆した前田基行《もとゆき》氏は、北海タイムスを経て、北海道新聞から朝日新聞に中途入社。本社勤務は一度もなく、埼玉県の春日部などの支局を中心にまわっていた地方記者だった。

その他の記者のなかにも政治部や経済部などの、いわゆる「朝日新聞のエリートコース」を歩んできた者はひとりもいない。ＮＨＫから転職してきた人物もいれば、週刊文春などの雑誌の仕事が長い記者や、地方紙から転職してきた女性もいる。ひとりだけ新卒で朝日に入社した記者がいるが、彼も報道セクションではなく写真部の出身だ。

特別報道部でデスクを務める宮崎知己《ともみ》氏（現在はＷｅｂチームに異動）も、住友銀行（現・三井住友銀行）で銀行員として働いた後に、記者になった異色の経歴の持ち主である。入社後は経済部で金融記事を数多く手がけてきたが、日銀や財務省などの経済部の「本流」は担当せず、民間企業を中心に取材してきた。「社内に友だちが少ないんですよ」と苦笑する「一匹狼」的な記者である。

そんな彼らに、2011年の初夏、この年の3月におきた福島第一原発の事故をテーマとした連載記事をスタートすることが命じられた。与えられたスペースは、新聞の三面左端のスペース、80行分。「何を書いてもよい」「土日は休載しても、しなくてもいい」という上からの指示に、特別報道部トップの依光氏は「連載が途切れると、読者が途中で読むのをやめてしまうかもしれない。毎日続けよう」と部員に告げた。

取材が始まったのは2011年6月。地震発生から3ヵ月後のスタートである。連載開始は10月なので、発生から半年遅れの記事となることが決まっていた。

それまでに朝日新聞の各部はもちろん、読売新聞など他の有力全国紙、テレビや雑誌などのメディアが、さまざまな角度で震災と原発事故を取り上げている。部員たちには「各社がさんざん書き散らした後で、書くネタが残っているのだろうか」という不安があった。依光氏は部員たちに「自分たちが何をできるか考えるために、とにかく現場に行こう」と告げた。

ところが驚いたことに、実際の福島第一原発周辺には、まったく手つかずの「現場」が残されていたのだ。なぜか。

水素爆発の事故発生から、法令により福島第一原発から20㎞の圏内は、住民を含めた一般人の立ち入りが禁止されており、20㎞から30㎞圏内は、屋内退避の指示が出されていた。

日本の新聞を含めた報道機関は、1986年にソビエト連邦（現ウクライナ）でおきたチェルノブイリ原発事故の際に、「放射能事故がおきたときには30㎞圏内に立ち入らない」という自主規制ルールを定めている。そのため福島第一原発周辺の20㎞から30㎞圏内は、「入ろうと思えば入れる」状況だったのに、ほとんどのメディアが足を踏み入れていなかったのだ。

依光氏を始めとする特別報道チームのスタッフは、20㎞から30㎞圏内に踏みとどまって暮らしていた住民たちのところへどんどん話を聞きに行った。依光氏は福島第一原発周辺を歩いて住民を取材するうちに、「まだほんとうのことは何も伝えられていないのではないか。現場全体が壮大なウソに包まれている感じがする」と思うようになる。

「壮大なウソ」とは、政府のウソ、東京電力のウソ、官僚のウソのことを意味する。それまで朝日をはじめ、新聞各紙、テレビの報道は、基本的に政府や、東電が記者会見で発表する情報をもとに記事を書いてきた。ところが福島県の浪江町《なみえまち》や双葉町《ふたばまち》など福島第一原発からすぐの場所にある地域、飯舘村《いいだてむら》など事故後に高いレベルで放射性物質に汚染された地域に入ってみると、公式発表とはまったく違う話、それまでどのメディアも報じていなかった事実がいくつも出てくる。政府や東京電力の発表とはまったく違う現実が、たしかに存在すると確信した依光氏は、その印象を部員たちに伝え、徹底した現場主義を旗印に調査を開始する。

「脱ポチ宣言」

政府が「ただちに影響はない」と繰り返し発表するなかで、具体的に3月11日以降の福島で何がおこっていたのか。それを連載のなかで明らかにしていく。どうやって？　依光氏は特別報道部の入り口のドアに、「脱ポチ宣言」と書いた紙を貼った。ポチとは「忠犬」の意味だ。

政治部や経済部の記者にとって、「特ダネ」を得るために重要なのは、いかに取材対象に食い込めるかだ。政治家や官僚、大企業の幹部と関係を深めてこそ、インサイダー情報をもらえる機会が増す。だがそれは同時に取材対象との癒着《ゆちゃく》を生みかねない。政治家や財界人と友だち同士のような関係になれば、「オフレコ」を要求されることも増え、取材相手に気兼ねして筆先も鈍っていくこともある。そうやって取材相手の忠犬となって得た「特ダネ」は、本当に読者が読みたい記事なのだろうか。

取材相手のポチにも、会社のポチにもならない。それが依光氏の「脱ポチ宣言」の意図するところであった。その方針を貫くため、記事を執筆するにあたり依光氏らは徹底して「実名」にこだわることにした。

「経産省によれば……」ではなく「経産省の○○氏はこう言った」とすべての記事について発言者（ネタ元）を明確にする。当然、取材対象は発言の責任をとることを嫌がる。それでも記者の基本に忠実に、何度もアポを入れ、質問状を送り、手紙を書き、夜討ち朝駆けを続けた。

そうして書いた記事は、連載の当初から読者の心を捉えた。最初のシリーズ「防護服の男」を書いたのは、前述の地方支局出身の記者、前田基行氏である。連載の1回目で前田記者は、原発から30㎞圏内にある福島県浪江町の山間部で暮らす59歳の女性、菅野《かんの》みずえさんの体験を取り上げた。

福島第一原発1号機が水素爆発をおこしたのは地震の翌日、3月12日午後3時36分のことだった。その日の夜、菅野さんの住む古民家を改装した広い自宅には、原発の10㎞圏内から逃げ出してきた人が25人ほど避難していた。

夜、就寝前に菅野さんが外に出ると、家の前に白いワゴン車が止まっている。

中には白の防護服を着た男が2人乗っており、みずえに向かって何か叫んだ。しかしよく聞き取れない。

「何?　どうしたの?」

みずえが尋ねた。

「なんでこんな所にいるんだ!　頼む、逃げてくれ」

みずえはびっくりした。

「逃げろといっても……、ここは避難所ですから」

車の2人がおりてきた。2人ともガスマスクを着けていた。

「放射性物質が拡散しているんだ」。真剣な物言いで、切迫した雰囲気だ。

家の前の道路は国道114号で、避難所に入りきれない人たちの車がびっしりと停車している。2人の男は、車から外に出た人たちにも「早く車の中に戻れ」と叫んでいた。

2人の男は、そのまま福島市方面に走り去った。役場の支所に行くでもなく、掲示板に警告を張り出すでもなかった。

政府は10キロ圏外は安全だと言っていた。なのになぜ、あの2人は防護服を着て、ガスマスクまでしていたのだろう。だいたいあの人たちは誰なのか。

みずえは疑問に思ったが、とにかく急いで家に戻り、避難者たちにそれを伝えた。

（2011年10月3日『朝日新聞』朝刊「プロメテウスの罠」第1回より）

後に分かることだが、原発の爆発がおこってから3日後、3月15日の朝に浪江町周辺は北北西の風に乗って流されてきた放射性物質によって激しく汚染される。だが12日の夜の時点で「頼む、逃げてくれ」と謎の防護服の男に言われたことで、菅野さんの家に避難していた25人は1日半早く逃げ出すことができ、高線量被曝を免れた。

菅野さんは原発事故がおこってからの出来事を、しっかりとメモに書きとめていた。そのメモをもとに前田記者は宿泊していた人々や関係者に取材し、連載1回目のシリーズを書き上げた。しかし白い防護服の男の正体は、どれだけ取材しても、最後まで分からなかった。

朝日新聞内部ではこの連載1回目の記事について、「結局、その白い防護服の男たちが何者なのか分からないし、菅野みずえさんという一般の人の記憶だけに基づく取材で、報道というよりは小説のような記事だ」という〝エリート記者〟たちからの感想が寄せられたという。彼らからすると、この「防護服の男」が自衛隊員なのか原発職員なのか、どこの行政組織に所属する人間なのかを「政」「官」にあたって確認できないままに記事化するのは、「記者としての常識から外れる」と言うのだ。

ところがこの1回目の記事に、読者は敏感に反応した。とくに女性読者層の支持をがっちり摑んだ。「住民目線でとても分かりやすい」「映画を見ているようだ」と好評を持って迎えられたのである。

読者にとっては、繰り返しテレビで流されていた枝野幸男《えだのゆきお》官房長官の「ただちに危険はありませんせん」という木で鼻をくくったようなコメントや、「原発の専門家」と言いながら水素爆発がおこっても警鐘を鳴らさず、漫然と不明朗な言説を繰り返すテレビの科学者たちよりも、原発事故から程近い現地で暮らすひとりの女性、自分たちと変わらない存在である菅野さんの肉声のほうが、真実を伝えてくれていると感じたのだ。

依光氏は連載開始にあたり「子どもへの健康被害や環境汚染に敏感な、家庭の主婦の方々に読んでほしい」と考えていたが、主婦層だけでなく、大手メディアの原発報道に不満を抱いていた多くの人々の心を、この調査報道は捉えた。「ふだん新聞をきちんと読まないけれど、この連載だけは切り抜いている」という感想がいくつも朝日新聞に届いた。

以後も「プロメテウスの罠」シリーズは、国のSPEEDI（緊急時迅速放射能影響予測ネットワークシステム）が使われるべきときになぜ使われなかったのか、事故直後の政府中枢で何がおこっていたのかを徹底的に追った「官邸の5日間」、アメリカ軍トップが日本政府に送った原発対応を懸念する極秘の電信など、これまでどの新聞も掘り下げてこなかった事実を次々に明らかにしていく。

毎日続いていた連載が一度休んだときには、編集部に「なぜ休むんだ」「圧力に屈したのか」と抗議の電話が一日に百数十本もかかってきた。そこで初めて朝日新聞社内でも「プロメテウスの罠にはこんなに読者がついているのか」という声が出はじめた。当初は「変わり者の奴らがやっているヘンな連載」という目で見ているものが多かった社内でも、「プロメテウスの罠」に対する好評が外から聞こえてくるにつれ、「あの連載はすごいのかもしれない」と認知するものが増えていった。

2012年2月には、この連載をまとめた単行本が「学研」から発売され（朝日新聞社の子会社である朝日新聞出版は「売れないだろう」と発刊を拒んだ）、ノンフィクションとしては異例の20万部を超えるベストセラーとなった（シリーズ累計）。以後も『プロメテウスの罠』は続々と単行本化して2013年8月までに計5巻が刊行されている。同連載は、2012年度の日本新聞協会賞、石橋湛山記念早稲田ジャーナリズム大賞など、国内の優れた報道に贈られる賞にも輝き、近年もっとも注目されるルポルタージュとしてメディア関係者から称賛されることとなった。

「プロメテウスの罠」シリーズの担当デスク宮崎知己氏は、連載の成功の理由について、「朝日的エリート街道を歩んでいない人間が集まったチームだからこそ書けた。チームの記者の多くは支局が中心で、本社に勤務した経験が少ない。そういう人間たちだからこそ、今までの朝日新聞紙面に染み付いていた〝お約束〟、別な言葉で言えば〝客観報道のくびき〟のようなものから抜け出すことができたのではないか」

と述べる。

客観報道のくびきとは、客観性にこだわって記事から主観を排除しようとするあまり、政府や行政側に裏付けをとったり、公的発表をそのまま報じてしまうことを指すのだろう。

「政府がこう発表したのだから、われわれもそれを伝えたまでだ」という理屈である。冤罪《えんざい》事件もその多くは、「警察が発表した事実を、そのとおりに書いた。容疑者を間違っていたのならば、警察の責任だ」という理屈でおこる。客観報道が無責任に運用されると、結果として政官側の論理に基づく記事となり、真実とかけ離れたことが紙面に載ってしまいかねないのだ。

原発事故がおきた当初、「事故報道が壮大なウソに包まれ」ていたのも、客観的な報道姿勢にとらわれるあまり、無責任に政府や東電の発表をそのまま伝えてしまっていたことに大きな原因があると宮崎氏は分析する。

宮崎氏は、はぐれ者、よそ者、非エリート的記者ばかりを集めて、類まれなチームをつくり上げた依光氏の手腕を「依光マジック」と賞賛し、こう語った。

「既存の組織にあまり馴染《なじ》まない人々、他社で働いた経験を持つ人材を集めたことが、『プロメテウスの罠』を成功に導いたいちばんの要因だと思います。おそらくは朝日の上層部も、それを狙って依光を朝日に入れて、混成部隊のチームを編成することにより、新聞紙面に〝新しい血〟を導入したいという思いがあったのではないでしょうか」


「最高の授業」を貧困地域の子どもたちに――バングラデシュの「ドラゴン桜」


次に紹介するのが、「E－エデュケーション」という名称で、途上国の子どもたちの学習支援を行っているNPOだ。代表は、税所篤快《さいしょあつよし》君という1989年生まれ、弱冠24歳の青年である。

彼は今、早稲田大学の教育学部の7年生に籍をおきながら、バングラデシュの貧しい農村部に暮らす高校生をはじめ、ハンガリーで差別されているロマの子どもたちや、パレスチナのガザ地区で分離壁に囲まれ、イスラエルからのミサイル攻撃に怯える学習障害の小学生たちを、「映像授業」で支援する活動を続けている。

支援の内容は単純だ。その国でもっとも優れている「カリスマ教師」を見つけ出して、その人の授業をデジタルカメラで録画し、ＤＶＤに焼き付ける。そしてそのＤＶＤを、貧困などの理由で満足な教育が受けられない子どもたちのところ、あるいはその子たちを教える「先生たち」に届けるのである。その国の教育にどんな問題があるか「ニーズ」を発見し、その問題を解決するのにもっともふさわしい先生を探しだして、映像授業に協力してもらうのだ。

このシンプルな仕組みが、途上国の教育にもたらしたインパクトはかなりのものがあった。２０１０年に初めての活動を試みたバングラデシュでは、半年にわたる映像授業によって「東洋のオックスフォード」と呼ばれる国内一の難関ダッカ大学に農村部から合格者を出し、授業を受けた30人中20人が希望する公立の大学に合格を果たしたのだ。２年目にはさらにダッカ大学に2名、公立の2番手、３番手の大学にも合格者を出し、映像授業を受けた全員が大学に進学した。このことはバングラデシュ国内でも舞台となった村の名前をとって「ハムチャー村の奇跡」と呼ばれ、多くのメディアに取り上げられた。

税所青年はこの試みを、落ちこぼれが東京大学の合格を目指して奮闘する姿を描いて大人気となった講談社のマンガ『ドラゴン桜』になぞらえて、「バングラデシュ版ドラゴン桜」と名付けた。そして映像授業が子どもたちの教育にもたらすインパクトをバングラデシュだけで終わらせるのはあまりにも惜しいと考えて、2012年からは新たに続々と加わってきた仲間とともにアフリカや中東地域、東南アジアにも拡大し、「五大陸ドラゴン桜」という名前で展開を始める。

2013年現在では、彼が率いるE－エデュケーション事業に対して東京大学、ユニクロ、DELLなどがこぞって出資し、税所青年は世界経済フォーラム（ダボス会議）が選出する「グローバルシェイパーズ」（世界各国のリーダー候補たる30代以下の若者）にも選ばれた。

興味深いのは、たった24歳という若さで、多くの人を巻き込みこれだけのスケールの活動を継続している税所青年だが、19歳まではひとりの「落ちこぼれ」学生にすぎなかったことだ。中学時代はそれなりに勉強ができたことから、両国高校という公立の進学校に入学したのだが、受験のための知識詰め込み型の授業にまったく関心が持てず、偏差値28にまで落ちてしまう。

高校2年の冬の三者面談では、「税所くんの学力は、中学2年か3年のレベルです。このままでは2浪しても、受かる大学はほとんどないでしょうね」と担任の先生に言われてしまった。

そこで彼は「絶対に現役で合格してみせる」と決意し、落ちこぼれから逆転するために、たまたまチラシで知った予備校の東進ハイスクールに通うことにする。そのことが彼の「運命」を変えた。

ふつうの予備校は先生が教室に来て、生徒を前にして授業を行うが、東進ハイスクールの特徴は、すべての授業をDVDで学生に見せることにある。通いはじめる前は税所青年も、「本当にDVDの授業だけで成績を伸ばすことができるんだろうか？　やっぱり生の授業のほうが先生に質問もできるし、いいのでは……」と思っていたそうだが、実際にDVD授業を受けてみて、その利点を実感することになる。

まず授業の質が、自分の通う高校の先生に比べて段違いに高かった。大学受験に特化してプレゼンテーションを磨きぬいた講師たちの解説はじつに分かりやすく、複雑な英語や古文の文法も懇切丁寧に説明してくれる。生徒を飽きさせないように、途中途中でジョークをはさみ、勉強への興味を継続させてくれる。受講前は「ずっとモニター画面を見ていたら眠くなってしまうのでは」と思っていたが、それはまったくの杞憂《きゆう》だった。

何よりDVDの授業であれば、いつでも自分が好きなときに、完璧に理解できるまで繰り返し見ることができる。東進の担当者が入校の問い合わせのときに言っていた、

「普通の予備校は週に一、二回しか授業がないけれど、うちの仕組みなら毎日通うこともできます。部活などで3年の夏まで勉強時間がとれなかった高校生でも、短期間に逆転できるんです」

という言葉は本当だった。税所青年は講師たちの口癖や身振り手振りを暗記するほどDVD授業に没頭し、みるみる成績を伸ばして、現役で早稲田大学教育学部に合格する。

だがせっかく入った大学でも、彼は授業に深く失望することになる。大教室で数百人の学生を前に、教科書を読み上げるだけの先生。学生たちも隠れてマンガを読んだり携帯電話を覗いたりと、ほとんど真面目に聞いていない。

「いったい何のために苦労して大学に入ったんだ……」と税所青年は大学での学業にまたやる気を失ってしまった。そんな彼に、2度目の契機が訪れる。当時つきあっていた彼女にフラれたことをきっかけに、「一人前の男になってやる」という目標を抱いた彼は、意識の高い学生の間で話題となりつつあった「社会起業」に関心を抱くようになったのだ。

そうしてソーシャル・ビジネスに関するさまざまな本を読みあさるなかで、当時まだほとんど日本国内で知られていなかった「グラミン銀行」（マイクロファイナンスという極貧困層向けの小口融資を実施してノーベル平和賞を受賞したＮＧＯ）を研究する、秋田大学の坪井ひろみ教授が執筆した『グラミン銀行を知っていますか』（東洋経済新報社刊）という本に巡りあう。

その本を読んで「これこそ自分がやってみたいことだ！」と人生が変わるほどの衝撃を受けた税所青年は、夜行バスに飛び乗って翌日の朝には秋田大学の坪井教授に会いに行った。

そして半年後には、バングラデシュのグラミン銀行で日本人初めてのコーディネーターとして、インターンという立場で働きはじめる。彼はそこで日本の学生20人とともに貧しい農村部を訪れ、人々の生活を向上させるために何ができるか聞いて回り、ついにバングラデシュの教育に「革命」をおこすヒントを摑む。


村を歩いてわかったのが、農村の学校には、先生が足りない、ということです。

「何人ぐらいの先生が足りないんですか？」

そうたずねると、

「バングラデシュ全体で４万人足りないんだ」

と答えが返ってきました。

４万人か……、待てよ。

僕が高校のときに通っていた予備校は、ＤＶＤで、パソコンのうえで全部の授業を受けていた。もしかしたら……。４万人の先生が足りなくても、あのＤＶＤ授業をバングラデシュで行えば、先生不足を解消できるんじゃないか。

すぐに僕は首都のダッカに帰り、もっとも尊敬するグラミン銀行の総裁、ユヌス先生に言いました。

「ユヌス先生、日本には、ＤＶＤで授業をやる受験予備校があります。これって、バングラデシュで使えないでしょうか？」

ユヌス先生は言いました。

「Do it! Do it! Go ahead!（ぜひやってみたまえ！）」

「わかりました。先生、いっちょやってみます！」

（税所篤快著『「最高の授業」を世界の果てまで届けよう』飛鳥新社刊より）

税所青年はさっそくインターンの日本人仲間ひとりとともに、ダッカ大学の校門の前で、出てくる大学生たちに「突撃アンケート」を行った。質問には所属学部や出身地のほか、「高校生のときに予備校に通っていたか？」「その費用は？」といった内容を盛り込んだ。その結果、驚くことが分かった。なんと１００人中93人もの学生が予備校に通っていたのだ。

じつはバングラデシュは日本にも負けない超学歴社会だ。政府の要職に就《つ》く人々や、大手企業の幹部たちのほとんどは、ダッカ大学を頂点とする国立の名門大学の出身者が占める。毎年１００万人もの高校生が国公立大学を目指すが、トップレベルの大学には３万人しか入れない。そのためバングラデシュの高校生たちは、少しでもよい大学に行くために、評判の予備校に競って通う。首都ダッカの中心にあるファームゲートという地域には大手の予備校が密集し、そこで英語や数学を教える人気の先生は、日本と同じように「カリスマ講師」として高い人気を誇っている。

だがそれらの予備校に通えるのは、ごく一部の金持ちの家庭に育った子どもに限られている。バングラデシュの農村部の月収は、月に８０００タカ（日本円で約８０００円）ほど、都市部との「年収格差」は3倍近くもある。大手予備校の学費は４ヵ月で２万タカもかかり、農村から行くとなれば学費以外に下宿費などの生活費も必要となる。事実上、貧しい農村部の高校に通う学生が、首都圏の大学に行くのは、ほとんど不可能だったのだ。

世界でいちばん大切なものは「相棒」

税所青年たちがアンケートを配っていると、ひとりのバングラデシュ人の若者が足を止めて、「君たちは何をしてるんだ?」と質問してきた。ひと通り説明すると、その若者は「すごいアイディアだ！　僕も農村の出身だからよくわかるが、この国の農村部には才能があるのに埋もれている若者がたくさんいる。君たちの取り組みはこの国の教育ピラミッドを壊せるかもしれない。ぜひ手伝わせてくれ！」と叫んだ。

彼の名前はマヒン。後にDVD授業で次々に難関大学に合格者を出し「奇跡の村」と呼ばれるハムチャー村の出身で、今では、税所青年に代わってバングラデシュでのE－エデュケーションプロジェクトのすべてを取り仕切る存在となっている。

こうして心強い現地の協力者を得た税所青年は、グラミン銀行との折衝や資金面での苦労など、いくつもの障害を乗り越えながら、半年間かけてバングラデシュの農村におけるE－エデュケーションをスタートさせた。結果については先ほど述べたとおり、素晴らしい実績を毎年あげている。3年目の2013年度には200人以上の高校生が受講を希望するようになった。

最初は税所青年と二人の協力者だけでスタートした「ドラゴン桜プロジェクト」だが、現在では活動を知った多くの学生や若い社会人たちが「自分もやってみたい」と駆けつけてくるようになった。本気でコミットを希望するものは、それぞれがプロジェクトリーダーとなり、税所青年がバングラデシュでやったように現地に飛んでニーズを探し出し、協力者を見つけて授業を実施する活動を行っている。2013年4月現在、E－エデュケーションの活動はアフリカのルワンダ、中東のヨルダン、ベトナム、インドネシアにも広がりを見せている。

税所青年は、自身の講演で「世界で結果を残すために、もっとも重要なことをひとつ挙げるとすれば何でしょうか？」という質問に対して、それは「相棒です」と答えた。「相棒」、すなわち〝ビジネスパートナー〟のことだ。

E－エデュケーションの取り組みの成否は、現地でどんな相手とパートナーシップを組み、プロジェクトを組み立てて、契約を結び、ターゲットとなる生徒にサービスを提供するかにかかっている。

4年目になるバングラデシュではすでに日本人メンバーはおらず、税所青年は東京で資金集めだけを担当し、マヒン氏をはじめとする現地パートナーがすべてを行っている。そんなことが可能になったのは、マヒン氏が税所青年にとって「分身」と言っていいほどビジョンを共有するようになったからだと言う。

「ネイティブの信頼できるパートナーを見つけられれば、日本人の僕より10倍、100倍早く仕事が進んでいきます。バングラでもいつの間にか、マヒンが前面に出るようになり、僕が背後にまわっていきました。3ヵ月後には、彼がすべてを動かし、僕がやることはなくなっていました。プロジェクトの責任者は、マヒンが望んで彼に移ったんです」

異国の地でマヒン氏のような信頼できるパートナーを見つけ出すためには、どうすればいいのだろうか。税所青年が強調するのが、「シンプルなプレゼンの大切さ」だ。

「外国人へのプレゼンテーションは、シンプルなアイディアでないと伝わりません。僕はよく事業について、2枚の写真で説明します。高校時代の僕の0点の答案の写真と、東進でのDVD授業を受けたあとの答案の写真です」

その2枚の写真を見せれば、つたない英語でもほとんどの人は意義を理解してくれる。彼がもうひとつ大事にしているのは、「俺はやっているぞ」という「後ろ姿」を見せることだという。実際に取り組んでみて、結果を出していることが伝われば、「コイツはマジなんだ」と分かってもらえる。

バングラデシュのあとに始めたハンガリーのロマの子どもたちに対するプロジェクトも、現地のパートナーが「日本人の若者が、自分の国の差別されている子どもたちの未来のために、本気で取り組んでくれるのか」と感動してくれたことがきっかけとなって前に進んでいった。

「チームで活動するようになって感じるのは、ほんとうの仲間は、一朝一夕にはできないということです。楽しいときも、辛《つら》いときも、一緒にすごして初めて魂が通じ合うような関係を築けます。マヒンと僕は埃《ほこり》まみれになってバングラデシュの農村を一緒に見て回り、100泊以上の夜をともにしました。星空を見ながら、お互いのプライベートなことからバングラデシュの将来のことまで、なんでも話し合った。たくさんの問題に直面し、それを乗り越えていくたびに関係性が近くなって行きました」

マヒン氏はその関係を「ラフ（laugh）&タフ（tough）」と呼んでいる。

なぜ私が仲間づくりについて書くのか

さて、あらためて自己紹介しよう。

私は大学を卒業してから、3年ごとに職を変えている。

最初のキャリアは、大学の助手である。東京大学の法学部の学卒で、大学院を経ずにいきなり助手になれるという制度があったおかげで、東大法学部の研究者として社会人生活をスタートした。

その後、1990年代の後半からインターネットのインフラが急速に普及するのに歩調をあわせて、「世界一成功した社会主義国」の日本に〝本物の資本主義〟〝むきだしの資本主義〟の波が押し寄せることを感じとり、アカデミックの世界からビジネスの世界へ転身することを決めて、学部生時代にインターンを経験していたマッキンゼー・アンド・カンパニーという経営コンサルティング会社に勤務した。

しかしそこでも約3年働くうちに、だいたいの仕事のパターンを覚えてしまい、それ以上にやりたいことを見出すことが難しくなったため、何かまた新たな道に進もうと考えはじめた。

ちょうどそのとき、同僚で先輩の川鍋一朗氏が実家の経営するタクシー会社「日本交通」の経営を引き継ぐことになったことを知る。

同社はタクシー会社の名門でありながら「今世紀中に返済するのは不可能」と言われるほどの多額の負債を抱えていた。事情を知る人のほとんどが再建するのは難しいだろうと言っていたが、私はある経験から（第4章で詳述）同社のブランドの強さを実感していたため、川鍋氏とともに働き、会社の再建を手伝うことにした。

約3年でその再建に成功したあとは、ケーブルテレビの会社に投資家として関わり、その会社もある程度大きくなった段階で離れ、現在は投資家として複数のアーリーステージにある企業のインキュベーションに携わりながら、大学で教えたり、たまにメディアに出たりといった活動を行っている。

ここ数年では、京都大学の客員准教授として「起業論」「交渉論」などを学生に教えるほか、２０１１年にはおもに20代の若者に向けて『僕は君たちに武器を配りたい』（２０１２年ビジネス書大賞受賞・講談社刊）、『武器としての決断思考』（２０１２新書大賞第４位・星海社刊）、翌年には『武器としての交渉思考』（同社刊）という3冊の本を執筆した。

いずれの本も「本当の資本主義とグローバル化の潮流が押し寄せている日本社会で、どうすれば若者が自分の人生を切り開き、より社会を豊かにしていくことができるか」というのが伏流するテーマとなっている。

このようにさまざまな仕事をしてきているので、「本業は何なんですか？」とよく聞かれるのだが、現在の私の本分は「エンジェル投資家」と呼ばれる投資業である。個人的に自分の「持ち金」を、「事業アイディア」と「創業者」しかいないようなきわめて初期ステージのベンチャー企業に投資するという仕事だ。

カネを投資するだけでなく、経営に参画して初期の事業計画を練ったり、資金調達を手伝ったり、製品開発や、マーケティング、あるときはビジネスの成功に必要な人材のヘッドハンティングを行うなど、ありとあらゆる支援をする。

作りたてのほやほや、ヘタすると「会社にもなっていないような段階」である事業に投資するため、投資した企業すべてが見込みどおりにうまくいくとは限らないが、創設初期からともに作り上げてきた会社が大きく花開くときに、私のところにも大きなリターンが返ってくるのがビジネス上の醍醐味だ。

しかし一方で、投資というのはいわゆる「千三つ」の世界である。日本のベンチャーキャピタル（起業家の新しいビジネスに出資する会社）の大手として知られるジャフコや金融・商社系の投資会社も、数十社ほど投資先を検討して、そのうちの1社に投資するかしないかだ。投資をしても、次のステージに進むことなく消え去っていく会社も珍しくない。

まして私の行っているステージの会社に投資しようと思うと、藁《わら》の山から針を探すがごとき注意力が必要となる。非常に優秀な経営者が、時流に乗ったテーマでまさに起業しようとするタイミングで出会わなければならないわけである。藁の山というより、「四つ葉のクローバー」で山を作ったあとに、そこからさらに針を探すがごとき仕事であると言っても過言ではない。

また私が投資をする際に常に重視しているのが、「逆張り投資家」（Contrarian Investor）であることだ。みんなが同じタイミングでやろうと思っていることは、絶対にやらない。逆にほとんどの人が「これはダメなんじゃないか」ということをなるべくやるようにしている。ローリスク・ローリターンではなく、ハイリスク・ハイリターンの選択肢をなるべく数多くとるようにして、そのリスクを自分で管理することを常に念頭に置いている。

日本には、前述のようなハイリスクの会社に投資するようなベンチャーキャピタルはほとんど存在しない。そもそも他の人には説明ができないぐらいリスクが高い段階での投資であるため、出資者を集めるのも難しい。いわば、自己資金による、究極の「出世払い」スキームの仕事だといえるだろう。

またふつう、ベンチャー企業の黎明期の段階では、事業のテーマも時流にあわせて変化していくのが当たり前である。だから投資を検討するうえでも、究極的には「どんな事業を行おうとしているのか」という「テーマ」ではなく、その会社に集まっている人々のポテンシャルを見て、その「チーム」が将来成功するかどうかに賭けねばならない。

つまり、「人」に投資すること自体が、私のメインの仕事となるのである。

仲間づくりをテーマとする本書を私が書けるのもそれが理由である。私はこれまでずっと「人」を観察し、どういう「チーム」であれば成功できるのか、身銭を切って学んできたのだ。

つまり本書は、「仲間の作り方」の解説書でありながら、投資家としての私の「投資哲学」を初めて詳細に明かす一冊でもある。


幸いにしてこれまで私の投資先は、そのような高いリスクにもかかわらず、その多くが外部の投資家が競って投資を検討してくれる会社にまで成長してきた。あるベンチャーキャピタリストは、「瀧本さんはいつも、『これはすごい!』と思うベンチャー企業に、私たちより2〜3年早く投資していますね」と評価してくれている。

最近では、「まだ稟議書《りんぎしょ》も書けないような段階の投資先なので、瀧本さんが興味があれば、先に投資しておいてくれないか。瀧本さんが投資した、ということで稟議が通りやすくなるので」と目利きの代行を依頼されることも出てきた。

私が大学で教えたり、本を書いたり、メディアでいろいろな仕事をするのも、すべて本業のエンジェル投資につながっている。そこで知り得た情報や、人脈が、すぐではなくとも、数年、十数年経ったときに大きなビジネス上の意味を持ってくることが少なくないのである。

エンジェル投資は「人への投資」

世界一の投資家であるウォーレン・バフェットは、投資の心構えとして、

「愚かな人間でも経営できるような企業を探しなさい。いずれ、そういう人間が経営者になるのだから」

と述べている。つまりバフェットは投資家として、何よりも「事業テーマ」を重視しているということになる。彼はこの投資哲学に基づき、コカ・コーラや、剃刀《かみそり》で有名なジレット、アメリカン・エクスプレスなどの優良企業に投資することで莫大な財を築き上げた。


だが先ほども述べたように、私の本分であるエンジェル投資は、企業が取り組む「テーマ」よりもむしろ「人」「チーム」に投資する仕事である。基本的にバフェットが投資するのは事業領域が確立された大企業であるのに対し、私が投資するのは時流にあわせて商品すらも変えていくベンチャーであるため、何よりも優秀な経営者を見極めることが重要となるのである。

しかしこの「人への投資」は、そう簡単に、明日から誰でも実行できるようなノウハウが存在するわけではまったくない。

たとえば将来的に芽が出そうな事業を考えている、ひとりの起業家に投資を検討しているとしよう。現実には、そのひとりの起業家がどれだけ優秀であったとしても、成功するかどうかはまったく判断がつかない。

資本市場とビジネス雑誌は分かりやすいストーリーを好む。

そのため、よくある成功企業のストーリーでは、ひとりのカリスマ的な経営者が、その会社のビジネスのすべてをコントロールして栄光を摑んだかのように見せがちだ。

起業するような人というのは虚栄心旺盛でもあるので、自らも「自分ひとりでこの会社のすべてを立ち上げた」という見せ方を好む。

しかしながら、年間売り上げ10億円ぐらいのこぢんまりしたビジネスを最終目標にするのでなければ、会社の成長ステージごとに、いろんな人材が必要となってくる。ひとりの個人が持っている強みだけで、立ち上げから数百億円の売り上げを達成するまでに、会社を大きく成長できることは、まずありえない。

会社の成長スピードにあわせて、その時点での成功に必要な人材を、どこからか探してきて、評価をして、「人に投資する」必要が出てくるわけだ。

シリコンバレーのベンチャーキャピタルが持っている大きなひとつの付加価値は、経営人材をリクルーティングしてくる力にほかならない。経営のステージに応じて、財務、人事、営業、ときにはＣＥＯ（最高経営責任者）までも外部から調達するのが当たり前となっている。

自社の人材だけではない。事業が大きくなればなるほど、さらなる提携先や、営業先の開拓も必要になる。そのように広い範囲に及ぶリクルーティングは、個人の人脈頼みではすぐに手に負えなくなる。起業家自身が継続的によい人脈を構築し、仲間を集める力を高めていかなければならないのだ。

とはいえ、その事業がまったく新しいサービスだったとしたら、実績などなくて当然である。それでも、一から経営メンバー、提携先、営業先を集めていかなければならない。しかも、それを市場からの信任を増加させながら、短期間に行わねばならないのだ。

多くのベンチャー企業が設立3年以内に倒産するが、その大きな理由のひとつが、「必要なときに必要な人材を集めることができなかったから」なのである。

私は、大学生が始めた会社に投資したこともある。大学生が持っている人脈など、たかが知れている。そんな環境においても、その起業家に、なんとか短期間で役立つ仲間を集めさせなければならない。

まだ何も実績のない学生に出資するというのは〝究極の出世払い〟だ。なんとしても成功させなければ、投資した金はまるっきり消えて、大損する。

だからこそ、そのベンチャーを成功させるためにいろんな人脈を「投資」する。その人脈投資が回収できるかどうかで、ビジネスの成功のほとんどが決定するのである。

それゆえに、投資で成功するためには、どれだけの生きた「人脈」を持っているかが、決定的なファクターとなるのだ。

私はまったく社交的ではなかった

つまり私は、「人に対する投資の専門家」として仕事をしているのだが、ここで、ある致命的な問題を克服することで今のポジションを築いたことを告白しなければならない。

「仲間づくり」をテーマとした本を書くうえでは、そのことを説明しないわけにはいかないだろう。「人に対する投資の専門家」にとって致命的なこととはなにか。それは、端的に申し上げれば、私自身がいわゆる「社交的な人間」ではないということだ。

まずパーティの類は大嫌いだ。アルコールはいっさい飲まないので、飲み会は時間の無駄であるとさえ感じる。カラオケも苦手なもののひとつである。正直に言えば、知らない人と会うのはおっくうだし、多数の人間と関わるのは面倒だとさえ感じている。

冒頭に述べたように私の最初の職場は、大学の研究室だった。東大法学部ではありがたいことに、大学の学部の成績がよく、ゼミなどの活動を通じて、指導教官が研究者として成功する可能性があると判断すれば、大学院をスキップして、いきなり助手になれる制度があった。

それで私はふつうの就職をしなかったわけだが、じつは学部の学生のときに、戦略系コンサルティング会社3社でインターンシップをして、複数の内定をもらっていた。

コンサルタントの仕事に関心がなかったわけではない。だがコンサルティング業務では、顧客とやりとりしてサービスを提供するのが仕事となる。「どう見ても社交的でない自分がその業界に入っても、成功しそうにない」――そのように考えて、大学に残ることにしたのだ。

当時（1990年代半ば）の日本は、金融業から製造業にいたるまでどんなビジネスにおいても政府や官僚のコントロールが強く、「本当の資本主義」の国家とはいえない状況にあった。

そのため欧米で成功している戦略系コンサルティング会社が、日本で同じサービス業務を展開したとして、成功するとは思えなかったという理由もある。

加えて当時の東大法学部では、「ミンカン（民間）」に行く人は「負け組」イメージが常識。まして外資系企業などへは、相当変わった学生しか就職しないという風潮があった。

今では想像もつかない話だが、ある大学OBの人から、こんな電話がかかってきたこともあった。

「ゴールドマン・サックスって会社、知ってる？　投資銀行っていうビジネスをやってる会社なんだけど、興味ない？　銀行というよりも、どちらかというと証券会社のような仕事なんだけどね」

今では年収数千万もらえることで知られる投資銀行も、当時はそんな程度のイメージだったのだ。だから私が「助手になるか、マッキンゼーに行くか迷っている」などというと、公務員試験や司法試験の準備で忙しい同級生からは、「瀧本、頭がおかしくなったのか？　そりゃどう考えても助手でしょ」という反応が返ってきた。

だがその後、大学で民法を専門とする教授のもとで、助手の仕事をしながら企業間の継続取引とその崩壊・変容の研究をしているうちに、考えが変わっていった。

「これからの日本は情報技術（ＩＴ）の進展を機に、一気に資本主義化する」と予感したのである。そして「この数十年に一度の大きな出来事に、自分の意思をもって主体的に参加できないのは、一生後悔する」と思い、マッキンゼーに転職することにした。

とはいえ、転職したあとも、私の非社交性はあまり改善されなかった。

マッキンゼーで、あるプロジェクトを私といっしょに担当して、長期間地方をまわった同僚は、出発前に別の同僚から、「瀧本とずっといっしょにいるのはたいへんだろうな」と心配されたそうだ（そのことを私は何年もたってから聞いた）。

要するに、そのぐらい私は、よく知らない同僚からすると「社交的でない人間」と思われていたということだ（なお、この長期出張をともにした同僚こそ後にいっしょに仕事をすることになる川鍋一朗氏だったのだから人生はどんな偶然にも意味があると思う。川鍋氏との仕事については後述する）。

やりたい仕事、属したい組織がなければ自らつくるしかない

そんな私だからこそ、今書店に並んでいるような、人脈や仲間づくり、チームビルディング

をテーマとした本を読んでみると、違和感を抱かざるを得ない。「これはある程度、生まれついての社交的な人、積極的な人を前提にして書いてあるな」と感じてしまうのである。「顔写真入りの名刺を配る」とか、「お礼の手紙を書いて、『感謝』と大きな字で付け加えよう」といった自己アピールは、率直に言えば、気恥ずかしいことこの上ないし、自分には絶対にできない。

それに「名刺を蛇腹《じゃばら》折りにしてたくさん情報が書けるようにして、仕事の実績をアピールしたらうまくいった」という人がいたとして、それと同じことをやっても、他の人が同様に効果があるとは言えないだろう。コミュニケーションとはきわめて属人的なものだからだ。

また昨今では、「セルフブランディング」という言葉が流行《はや》っているようだが、自分をさらけ出してアピールすることには、好奇の目で見られ批判もつきまとうし、だいいち、あまり格好のよい姿ではない。要するに「一生懸命アピールしないと仕事が来ない人」に見られかねないのである。

少し余談となるが、昨今では「ノマド」や「フリーランス」と称する働き方が若い人たちの間でもてはやされる風潮がある。会社や組織に所属せずに、フリーな立場でいろんな仕事にプロジェクトベースで関わり、ノートパソコン1台を持って仕事をする。そんな自由なスタイルに憧れる若者がたくさんいるようだ。

だが本質的にノマドやフリーランスは「強者」にのみ許される働き方であることに注意しなければならない。

そもそもノマドの語源でもある「遊牧民」は、人類が狩猟採集の時代の後に、農耕と牧畜を生み出して定住して生活するようになってから発生した暮らし方だ。牧畜によって暮らす集団が一箇所に定住し続けると、やがて家畜がその周辺の牧草を食べ尽くしてしまうために、継続的に家畜を大量に養うことができない。そのために家畜を放牧しながら、牧草を求めて移動する生活様式が生まれた。これが「ノマド」(遊牧民)の起こりである。

だが家畜を放牧しながら、移動して暮らすことには大きなリスクもある。家畜を柵で囲っておくことができないために、オオカミなどの害獣に家畜を襲われることもあるだろうし、泥棒に家畜を盗まれる危険にも常にさらされるからだ。

それゆえに家畜を放牧して暮らす人々には、そのような外敵を追い払う「軍事力」が必要となった。遊牧民たちは武器や犬などの軍備を定住者が住む「オアシス」から購入し、オアシスの住民たちは、遊牧民がやってくると彼らから家畜を購入することで動物性たんぱく質を補った。砂漠のオアシスに暮らす定住者と遊牧民の人々はそうして相互補完的に生きてきた。厳しい砂漠のなかでオアシスという一箇所に定住する暮らしのなかから、牧畜の「専業化」を果たした人々が生まれたとも言えるだろう。

それゆえに遊牧民として生きる道を選べるのは、オアシスに暮らす人たちのなかでもとくに牧畜のスキルに優れ、肉体的にも精神的にも屈強な人々に限られていた。

壁や柵に守られた、安全なオアシスに住む人が、自分の土地が狭いからといって突然「よし、自分もノマドになろう」と遊牧を始めたとしても、家畜を守る力がなければ、あっという間に他の遊牧民や盗賊に奪われてしまいかねないのである。

この構図は、現在でも企業をオアシス、フリーランスをノマドと考えれば、まったく同様である。現代の「オアシス」である企業のなかで、十分に力を発揮できている人が独立するからこそ、「ノマド」の働き方は成り立つのであって、「会社のなかでどうも居場所がない」と感じている人が一念発起してフリーランスになったとしても、悲惨な結果となるのは目に見えている。

さらに言えば、今のノマドブームを煽《あお》っている人たちのビジネスモデルを注意深く見ると、彼ら自身、「ノマド的働き方」でビジネスが成功しているわけではなく、「ノマドに憧れる人々」に対するセミナーや本を売ることで儲けていることが少なくないことが分かる。

これは２０００年代の初頭、ＩＴバブルのころにおきた「起業ブーム」のときに、あちこちのビジネスセミナーで見られた構図とまったく同じだ。当時も自分で起業したビジネスそのもので儲けるのではなくて、「起業塾」というセミナーを開くことで儲けようとする会社が乱立した。

また組織を離れたがる人が見過ごしがちなのが、組織にいるときに業務を通じて自然と入ってくる情報や、得られる人脈の価値だ。フリーランスになると自分の身の回りの範囲のこと、今手がけている仕事の情報しか入ってこないために、自分が働いている業界で、どんなものが求められていて、何が時代遅れとなりつつあるのか「鼻」が利かなくなっていく。この感覚の鈍化は、一年二年では、はっきりとは分からないが、数年が経つと取り返しのつかないギャップとなることがある。

また「フリー」という肩書で働いていても、本当に「フリー＝自由」であるかといえば、そうとは言えない人も少なくない。フリーの物書きのなかには、読者の期待に振り回されて、どんどんセンセーショナルなことを書いていくうちに自滅していったり、いつの間にか企業の「謎の宣伝塔」になっていたりする人がいる。逆説的だが、「本業」を別に持っている書き手のほうが、真に自由にものを書けるということが珍しくないのだ。

ノマド、フリーランスとして働きたいのであれば、自分が今いる会社を辞めて、それでも自力で本当に競争力があるサービスを提供できるか、それとも企業にとって「使い捨てできて都合のよい期間工のような人」で終わるか、客観的に見極めることが肝要だろう。

本書では、書店に並ぶ「人脈構築術」といったタイトルの本のような「即効性」があり「明日からできる」テクニックには、ほとんど触れない。

本書を読んでほしいのは、高い目標や志（ビジョン）を持ちながら、その目標のために、自分の強みや弱みを冷徹に受け止めて、現実的かつ確実に努力して成果をあげていく人である。

社交的でない私が、投資先の起業家たちとの関係構築や自身のビジネスを進めていくなかで必要性に迫られて身につけた「仲間をつくっていく」方法は、本書を読む人にとってきっと役に立つはずだと思っている。

私はさまざまな仕事を経験して、数多くの人々と働いてきた。

大学や会社という大きな組織の一員として勤務したこともあるし、経営者という立場でイチから組織を立ち上げたこともある。

その経験からつくづく思うのは、

「やりたい仕事、属したい組織がなければ自分でつくるしかない」

ということである。人生において働いている時間は長い。22歳から60歳までと考えても40年近く、さらにこれから少子高齢化がますます進んでいく日本では、60代、70代になっても働き続けることがふつうになるだろう。

その長い時間を、自分の成長に資する仲間とともに働くか。それとも、「ごますり」と言って語弊があれば、「社内調整能力に長《た》けている」だけの、尊敬できない上司や、夢は語れどそれを実現しようとする志はない同僚とともに過ごしていくのか。それによって人生の意味合いは、天と地ほど違ってくるだろう。

人間は合理的に動いていない組織に長期間属していると、物事をロジカルに考える能力が確実に低下していく。そういう組織に順応すればするほど頭が悪くなり、組織に順応することができなければ精神を病むことになる。順応しきってしまった人は自覚症状を持つことができないまま、言い訳能力と、自己欺瞞《ぎまん》力だけが向上していくのである。

日本を襲う苛烈な〝本物の資本主義〟は、この先少なくとも数十年にわたり、既存の会社や人々の暮らしを変えていくはずだ。その波に翻弄されないためにも、〝本物〟のチームのつくり方を学ぶ必要があると私は考える。

今いる場所で「秘密結社」をつくれ

本書のテーマである「仲間づくり」（チームアプローチ）を、私がよく使う別な言葉で表現するならば、それは「今いる場で、秘密結社をつくれ」ということになる。

秘密結社というとおどろおどろしいイメージがあるが、要するに「さまざまな出身のメンバーが、ひとつの目的の達成を目指して、自発的に集まった集団」のことを意味する。

企業のなかでも新しいチャレンジを試みるのは、しばしば「社内で部署横断的に集まった秘密結社的チーム」だ。

日本コカ・コーラが2009年に発売を開始し、3年間で20億本もの売り上げを誇る大ヒットとなった「い・ろ・は・す」というミネラルウォーターも、部署横断的なミーティングがきっかけとなって生まれた。

ミネラルウォーターといえば「南アルプスの天然水」や「エビアン」のように採水地を前面に押し出しているものが多い。しかも先行商品には強力なブランドを確立しているものが多く、市場自体も成熟している。ミネラルウォーターの強いブランドを持っていなかった日本コカ・コーラが製品を開発するにあたっては、採水地なのか、あるいは水のおいしさなのか、ともあれ今までにない強力な「製品の売り」を提案する必要があった。

開発チームの中心メンバーに起用されたのは、当時30代になったばかりの小林麻美氏（マーケティング本部ウォーターカテゴリー ウォーターグループシニアマネジャー）という女性である。結婚を機に日本コカ・コーラを退社していたが、「マーケティングの仕事をまたやりたい」と上司に掛けあって、２００７年に再入社した。小林氏らマーケティング部が音頭をとって行ったのが、社内のさまざまな部署から横断的に30人から40人もの人員を集めてのディスカッションだった。

ミーティングを繰り返すうちに意外なところに注目が集まる。それは容器である「ペットボトル」そのものだった。技術部門のスタッフから、従来のペットボトルよりも4割も軽い、国内最軽量の12グラムの容器ができるというアイディアが出てきたのだ。

ちょうどそのとき、若い世代を中心に「環境」への意識が変わる兆しがあるのをキャッチする。これまで、環境問題に取り組むのは、どちらかといえば思い詰めたように生真面目で修行僧のようにストイックな人々だったのだが、「環境」＝「エコ」にこだわることは、前向きでスタイリッシュ、シンプルでおしゃれなライフスタイルだとみなされはじめていたのだ。ファッションブランドのパタゴニアなど、環境に配慮した企業活動を行っている会社の製品が感度の高い人々の間で好感をもたれるようになり、女性誌にも健康や環境問題に意識が高いことを意味する「ロハス」という言葉がたびたび出てくるようになっていた。そこで新製品のミネラルウォーターも、「超軽量ボトル＋エコ」というコンセプトに基づき商品を開発することが決定した。

新商品のネーミングについては、「グリーン」とか「ネイチャー」といった言葉に関連するものが浮上する。だが、「この名前で私たちが新商品に込めた価値が伝えられるの？」という小林氏の一声で白紙に戻る。日本のミネラルウォーターを採水し、ボトリングし、販売、そして日本の消費者が購入し、飲み、そして再利用する――この商品の新たな商流すべてを込めて、日本語の「いろは」と「ロハス」を組み合わせた「い・ろ・は・す」と命名。キャップやラベルも環境に配慮した小さく薄くてはがしやすいものとし、エコを前面に打ち出した。そうした数々の挑戦的な取り組みによって、まったく前例のない新しい強力なブランドが生み出されたのである。

新製品発表会の場で、完成したミネラルウォーター「い・ろ・は・す」の新ボトルが「むぎゅっ」とひとひねりで潰されると、観客からは大きな歓声があがった。

人が目的をもって集まればそれは秘密結社となる

そもそも「秘密結社」というのは、世の中を何らかのかたちで変革しようという目的のもとにつくられる組織だ。だがなぜ、「秘密」である必要があるのだろうか。

日本国憲法には「結社の自由」という条文がある。なぜそのような条文がわざわざ明記されたのかといえば、戦前の日本では「結社が自由ではなかった」からである。要するに、人が何かしらの目的を持って3人以上集まったら、それは体制側にとっては都合が悪いことを目論《もくろ》んでいると見なされたのである。

公的な組織が存在しているのに、それとは別に人が集まって話し合っている。ということは、何か既存の体制にとってよからぬ企てを相談している可能性が高い。だから取り締まる必要がある、という理屈である。

結社の禁止は、今でも戒厳令が宣告された国家や都市でふつうに見られる。戒厳令下では、夜間の外出や、許可なく3人以上が集まることが禁止される。人々が政府のコントロールから外れて結社するということは、体制転覆につながりかねない恐れがあるのだ。現在の日本においても街頭のデモ行進や集会を行おうとすれば、警察に事前に届け出をすることが必要となる。それも、この結社の取り締まりの延長にあると言えるだろう。

革命以前のフランスやアメリカにおいても、人々が非公式に集まろうとする際は、取り締まりを逃れるため秘密裏に会合場所に集《つど》い、また誰がメンバーであるかも隠す必要があった。つまり国のあり方や政治について話し合おうとすれば、必然的に秘密結社化せざるを得なかったのだ。「結社の自由がない社会」では、人が集まるだけで秘密結社になってしまうのである。

秘密結社の代表格、フリーメイソン

歴史上もっともよく知られる秘密結社といえば、「フリーメイソン」が挙げられるだろう。秘密結社と言いながら「有名な」というのもおかしな話ではあるが、正体不明の神秘的なイメージをまとっていることから、フリーメイソンはさまざまな陰謀論の黒幕として語られてきた。

もともとフリーメイソンは、ヨーロッパの石工《いしく》職人が結成した組合がその母体とされている。彼らのシンボルマークが「コンパスと定規《じょうぎ》」であるのも、職人集団であったことの名残《なごり》である。フリーメイソンの起源は諸説あるが、16世紀中ごろに生まれ、絶対王政から啓蒙君主制に変わっていく18世紀ごろから、活動が本格化していったと一般に言われる。

部外者にはその実体がよく分からないことからか、フリーメイソンは陰謀史観的に格上げさ

れて「闇の組織」「悪の秘密結社」的なイメージで語られることが多いが、当初の始まりは、石工職人の集団であるから、日本の「ＪＣ（青年商工会議所）」のような組織に近かった。

知っておくべきことは、彼らの活動の根本には、「反カトリック同盟」という理念があったことだ。商売上、さまざまな対立する立場であったとしても、強大なカトリックを中心とする既存の権力を握る勢力に対しては、団結して反旗を翻す。それは、彼らが信奉するのが「既存の権威」ではなくて、人の「理性」だったからである。王権よりも、神に与えられた「理性」を信じる、というのが彼らの考え方の根本にあったのだ。

イギリスからはじまったフリーメイソンは、ヨーロッパ全土、アフリカ、アジアにも会員を広げていく。当時、国際的な民間の互助組織は存在しなかったため、フリーメイソンの会員であればどこの国でも助けを受けられることは、貿易などの仕事をする人々にとって、たいへん大きなメリットとなった。

なんと言ってもフリーメイソンの名前を高めたのは、フランス革命とアメリカ独立革命という二つの世界史的に大きな事件の背景で暗躍したことだろう。アメリカ独立宣言を起草したベンジャミン・フランクリンがフリーメイソンであることはよく知られ、またフランス革命を主導したジャコバン派にも数多くのフリーメイソン会員がいたとされる。

アメリカ独立戦争は1775年から1783年まで続き、フランス革命は1789年におこっている。つまりほとんど同時期に、フランスとアメリカでフリーメイソンが主導する組織が、国家体制を転覆することに成功したのである。

フランス革命はルソーなどの啓蒙思想の影響を強く受け、アメリカ独立戦争も「堕落したイギリスのキリスト国教会からの独立」ということが背景にあったが、それもフリーメイソンの思想の影響を受けていると言えるだろう。

アメリカのニューヨークにある「自由の女神」像は、アメリカ独立百周年を記念して、独立運動を支援したフランス人たちの基金によって1886年に建立された。その台座には、自由の女神がニューヨークのメイソン団に向けて捧げられたものであることを記した記念盤がある。つまり、革命を成し遂げたアメリカのフリーメイソンに向けて、フランスのフリーメイソンが「おめでとう」とお祝いの意味を込めて贈ったのが、自由の女神なのだ。

アメリカという国は、今なおフリーメイソンの影響が非常に大きい。

現在使われている1ドル札に、フリーメイソンを象徴する「ピラミッドに描かれた目」などの絵柄が使われているのは、そのためである。この事実は「フリーメイソンが世界経済を支配しようとしていることの証拠だ」などと陰謀論的に語られがちだが、陰謀でも何でもなくて、フリーメイソンという組織がアメリカ独立革命において中心的な役割を果たした、という歴史的事実の反映にすぎないのである。

じつはロータリークラブやライオンズクラブなどといった親睦団体も、もとをたどればフリーメイソンに行き着く。フリーメイソン会員になるには会員の投票や身辺調査があるなど門戸が狭いことから、似たような組織を設立して、もう少し一般にも広げようということでつくられたのがそれらの団体なのである。

アメリカでは秘密結社的に活動する団体が今も珍しくない。たとえば「スカル・アンド・ボーンズ」は、ブッシュ父子両大統領がいたことで有名な大学系の秘密結社で、アメリカの政治経済界のトップ層に多くの人材を送り込んでいる。CIAの黎明期を描いたアメリカ映画『グッド・シェパード』では、マット・デイモン演じる主人公が大学のスカル・アンド・ボーンズに入会するために、秘密クラブのような場所で、上級生たちから「入会儀式」として小便をかけられるシーンが描かれた。世界最大のSNS、フェイスブック創業の実話をもとにした映画『ソーシャル・ネットワーク』で、マーク・ザッカーバーグがハーバード大学の「イケている学生クラブ」に入ろうとして拒まれる姿が描かれたのも、記憶に新しい。

今なおアメリカのトップエリート校では、閉鎖的な学生組織が大きな力を握っているのだ。

「慶應は秘密結社」

日本の大学においても、「秘密結社」的な成り立ちを持つ学校がある。福沢諭吉が設立した慶應義塾大学である。

福沢が定めた、慶應義塾の理念は、「社中協力」と「半学半教《はんがくはんきょう》」という言葉に表される。「社中」とは、慶應義塾を構成する教員、学生、卒業生などの関係者のことを指す。

福沢は慶應の人々に、「あたかも骨肉の兄弟のごとく、互いに義塾の名を保護し、労力や金、または時間や注意をもって助けあうこと」と述べている。そして慶應が当時、官尊民卑の風潮が強いなかで成功できた理由について、「命令をするものなく、全体の挙動を一にし、奨励する者なくして全員の喜憂を共にし、一種特別の気風があったからこそ今日まで維持できた」と書いている。

慶應では教員も生徒も、みんな「君」づけで呼び合うのが伝統となっている。「半学半教」とは、学ぶものと教えるものとの間で、師弟の分を定めず、対等の関係と考えるという意味だ。あるときは学ぶ側となり、あるときは教える側にまわる。これはまさに慶應が一種の「結社」

であったことにほかならない。

上下関係に縛られず、対等で自由な気風が設立当初からあったがゆえに、慶應義塾はその後大いに発展し、幾多の人材を輩出していった。今なお日本の経済界のとくにエスタブリッシュメント層には慶應出身者が多く、同校のOB組織である「三田会」は、寄付金などの規模で日本最大の大学同窓会としての勢力を誇っている。

その土台となったものこそ、日本の大学のなかで唯一、慶應だけが持っていた秘密結社的な気風であると言って間違いないだろう。

『ワンピース』ルフィの幻影

さて、私の考える「秘密結社」としての仲間と対照的なチームの姿を描いて大ヒットしたマンガがある。

1997年から『少年ジャンプ』で連載されている少年マンガ、『ワンピース』(尾田栄一郎著)だ。

『ワンピース』は「世界一の海賊」を目指す主人公、モンキー・D・ルフィが、かつてこの世のすべてを手に入れた「海賊王」ゴールド・ロジャーが隠した「ひとつなぎの大秘宝（ワンピース）」を探し求めて、仲間とともに大海原を航海する冒険物語である。

２０１３年８月現在までに単行本は71巻が刊行。その累計部数はなんと日本国内で２億９０００万部を超える。これは国内出版史上で、最高の数字である。日本国外でも人気が高く、30ヵ国以上で翻訳されている、まさに日本を代表するマンガだ。

関連する解説書、研究本もたくさん出版され、そのうちの一冊、関西大学の社会学者である安田雪氏が執筆した『ルフィの仲間力』（アスコム刊）という本は、２０１２年時点で17万部の売れ行きとなっている。

安田氏が同書で分析しているが、『ワンピース』の最大のテーマが「仲間」だ。『ワンピース』の主人公、ルフィが「世界一の海賊になる」という夢に向かって仲間を集めて冒険するストーリーを題材に、どうすれば本当の仲間を見つけて、信頼関係を構築していくことができるのか、安田氏は社会学の知見を生かしながら詳しく解説している。

ルフィは「仲間になりたい」という人を拒まない。「骸骨」や「トナカイ」のような異形の者でもどんどん仲間にしてしまう。仲間たちはルフィとともに海を旅しながら、ときには衝突したり、一時的に仲違いしたりしながらも、ルフィの「海賊王になる」という夢の達成のために命を賭けて尽力する。

そのストーリーはたしかに感動的で、多くの日本人の心を打つのも十分に理解できる。

神戸女学院大学名誉教授の内田樹《たつる》氏は『ワンピース　ストロング・ワーズ』（集英社刊）に寄せた解説のなかで、現代の若者の心を捉える『ワンピース』と、70年代の左翼学生を熱狂させた『昭和残侠伝』という任侠映画に共通するメッセージは、「友のためには死ぬという人間を信じ」ることだ、と述べた。

この倫理観こそが、高度経済成長以降の日本人が失ってしまったものであり、今の日本が危機の時代を迎えているからこそ、この「小さな集団と仲間」がグローバル主義の象徴ともいえる「世界政府」と「海軍」に対峙する物語が、少年たちだけでなく、性別と世代を超えて多くの日本人に受容されているのではないか、と内田氏は解説する。

本物の海賊の行動論理

しかし私はこの『ワンピース』が提示する「仲間のあり方」に、両手を挙げて賛成することはできない。それは私が考える「チーム」が、ワンピース的な「仲間」とは似て非なるものだからだ。

さらに言えば、今日本に生きる私たちに必要なのは、「ワンピース的なチームではない」と考えているからだ。

『ワンピース』で描かれる海賊の姿は、ファンタジーだ。

本当の海賊は、ビジネスライクで、ときにえげつないほど残酷で、計算高くクレバーな存在である。仲間といっしょにいるのも「ひとりでいたら敵（国家）に殺されてしまうから」というのが理由だ。

つまり海賊が仲間をつくるのは、「夢の実現」のためではなくて、「厳しい海の世界で生き抜くため」というのが本当の理由なのだ。

この海賊の行動原理については、ジョージ・メイソン大学経済学部のピーター・T・リーソン教授がそのものずばり『海賊の経済学』（NTT出版刊）という好著を記している。

同書によれば、海賊たちは「私利私欲まみれの、ごうつくばりの連中だった」からこそ、平等で、合理的で、民主主義的な、当時としては異様なまでに先端を行く組織をつくっていたというのである。

そして彼らは、誰に教わったわけでもなく、現代の会社でも幅広く課題となっているインセンティブ（報酬）の分け方や、組織のガバナンス、フリーライダー（タダ乗り）をどうするか、意思決定にかかるコストをどう削減するか、海賊としてのブランディングといった複雑な問題を、自分たちで合理的に解決していった。

現実の海賊たちは、必要性があるから、仲間をつくった。仲間を見つけるのが目的ではない。私たちが暮らす社会も基本的に同じだ。仲間をつくるために、仲間を探すのではない。

まず最初に目的があり、そのために仲間を集めるというのが正しい順番のはずだ。

また『ワンピース』の世界では、一度でも仲間になったら、その関係は基本的にずっと続いていく。ルフィたち「麦わらの一味」にとって仲間になるということは、どんな苦難のときでもけっして仲間割れせず、何があっても運命をともにするという強い関係を意味する。しかも、ルフィたちはどんな過酷な目にあってもけっして死なない。インモータル（不死）な存在であることが前提になっている。

しかし私は、仲間というのは当初の目的を達成し、互いに必要とする時期が終われば、離れるのが自然だと思っている。いつまでもずるずると仲間意識をひきずり、「仲良しごっこ」を続ける関係には、意味がないのだ。

先述の『ルフィの仲間力』という本のなかで、安田雪氏はこう述べている。

仲間とは、ある程度永続性が期待されている組織です。仲間について、「次の日も、その次の日も、一緒にいることを疑わない状態」と定義することもできます。

だからこそ、そのような状態を脅かす敵や危機に対して、ルフィたちは敏感に反応します。一緒にいることを壊す悪意とは、徹底的に戦うのです。

『ワンピース』では、ルフィが仲間を守るために戦うストーリーが延々と繰り返される。だが現実の社会では、「麦わらの一味」のように、「永続的な社員の関係性が保たれる」ベンチャー企業は存在しない。組織のメンバー全員が「次の日も、その次の日も、いっしょにいることを疑わない状態」に陥った組織は、人員の新陳代謝がなくなり、新しい何かを生み出す活力が失われ、やがて滅びていくことが避けられないのである。

『ワンピース』で描かれる仲間は、ファンタジーの世界で生きる住人にとっては理想的な存在なのかもしれないが、現実にはありえない〝虚像〟なのだ。現実に生きるわれわれの前途は、「本物の資本主義」が猛威を振るい日一日と苛酷になっているというのに。

次章からは、本物の「成果」をあげるチームとは、いったいどのようなものなのか、具体的に説明していこう。

第1章のまとめ

★コモディティ化がすすむふつうの個人が個人の力だけで立ち向かうのは無謀すぎる。弱者こそチームの力を利用せよ。

★パラダイム・シフト、社会の変革は、世代交代によっておこる。したがって、今こそ若者のゲリラチームが重要。

★あらゆる投資の本質は、人への投資であり、チームメンバーだけが究極の差別化。弱いもの、非エスタブリッシュメント、コミュ障こそチームをつくれ。

★圧倒的な成果がひとりの天才によってなされ

たと考えるのは後世の人が作った幻想。実際にはチームの力であり、『七人の侍』はその内容も、成り立ちもチームの重要性を象徴している。

第2章

本当の「よいチーム」とはなにか

What is the
true meaning of a
"good team"?

「深刻な顔をして黙っていたので。それに、
話しかけるきっかけも作ってくれなかったですし」
「だって、きまりが悪かったのですもの」
「それは僕だってそうですよ」
「夕食にいらしたときぐらい、
もっとはなしかければよかったのに」
「思いがそれほど強くないのなら、
きっとそうしたでしょうね」

"Because you were grave and silent,
and gave me no encouragement."
"But I was embarrassed."
"And so was I".
"You might have talked to me more
when you came to dinner."
"A man who had felt less, might."

『高慢と偏見』 60章

いく。

マッキンゼーの「チームアプローチ」

本章からは、具体的にどうすれば「よいチーム」をつくっていくことができるのかを論じていく。

チームには、「ありがちなチーム」と、「よいチーム」が存在する。世にチームは星の数ほどあるが、「よいチーム」は圧倒的に少ない。いったいどこでチームに明確な差が生まれるのか、具体的に見ていこう。

私が研究者からマッキンゼーへと転職して、初めてのプロジェクトを担当してから現在にいたるまで、チームづくりにおいて非常に役立っているコンセプトがある。

それこそが「チームアプローチによる問題解決」だ（以下、「チームアプローチ」と記す）。「チームアプローチ」とは端的にいえば、「よいチーム」を継続的に、システマチックに何度でも再現するために考え出された組織づくりの概念である。

この「チームアプローチ」に関しては、マッキンゼーのパートナーであったジョン・R・カッツェンバックとダグラス・K・スミスが、『「高業績チーム」の知恵—企業を革新する自己実現型組織』（ダイヤモンド社刊）に詳しく記している。

カッツェンバックらは、さまざまなプロジェクトのケーススタディを通じて、「まあまあ」よい成果ではなく、「抜きんでた」成果をあげたチームには、共通の特徴があることを発見した。

「よいチーム」はたいていの場合、

1 少人数である

2 メンバーが互いに補完的なスキルを有する

3 共通の目的とその達成に責任を持つ

4 問題解決のためのアプローチの方法を共有している

5 メンバーの相互責任がある

という5つの大きな共通点を持つことを見出した。

この5つの共通する特徴を、チームづくりに活かすというのがチームアプローチの基本的な考え方である。

ただしひとつ注意しておきたいのは、「チームアプローチ」は、いわゆる「チームワーク」とは似て非なるものであるということだ。「チームワーク」という言葉は、所属するメンバーが互いに協力しあって行動する、というぐらいの意味であり、どんな組織にも必要ではあるが、その定義も基準も曖昧《あいまい》模糊《もこ》としている。

それに対してチームアプローチの考え方は、前例がまったくない、解決の方法が分からない不確実性の高い問題に挑む、少数の組織横断的なチームが、互いのスキルを有効活用して課題解決するときの方法論になる。

まず「ありがちなチーム」について見ていこう。

求められる仕事が定型的で平凡で、期待される業績が決まっていることであれば、ありがちなチームでも問題がない。会社内でチームを組成する場合、メンバーは年次や部署で自動的に決まり、スキルも固定的で新たな能力を身につける必

失敗しても向こうのチームの責任だしな
年功なので力があっても下のほう
4PでMECEだよ
俺だけ頑張っても無駄だよな

要はなく、一度チームの一員に選ばれたら、基本的にクビになることも、能力が高くより適任と思われる別の人にその地位を脅かされることもない。

仕事は「やったふり」、仕事を「したつもり」で何の問題もなく、明確な成果を要求されることもない。「集団責任は無責任」という言葉があるが、そういう組織は日本中、いたるところにある（昨今の企業や行政組織の不祥事を見ても、結局、最終的に誰も責任を取っていないことは珍しくない）。

えてしてそういう組織ほど、外部から他力本願的に有識者を招いて知見を求めたり、ビジネス書で読みかじった「SWOT分析」などの「コンサルタントごっこ」にうつつを抜かす。そもそもマッキンゼーなどのコンサルティング会社で働く人間ならば、SWOT分析などの一般化されたフレームワークは、それだけでは、ほとんどの現場で役に立たないことを知っている。

SWOT分析やMECE（経営コンサルティングなどでよく使われる分類法）のようなさまざまな問題解決のためのツールは、バックグラウンドの違う人がコミュニケーションを成立させるための共通言語として存在する意味はあるが、個別具体的なクライアントの課題を解決するにはまったくと言っていいほど役に立たない。

さて、「ありがちなチーム」ではなく、「チームアプローチ」によって構築される「よいチーム」とは、どんなチームなのだろうか。

まず「チーム」の目標（解決すべき課題）は、非定型的であり、達成するには困難を極める。「非定型的」とはひとことで言えば「前例がない」ということである。前例がないのだから、どういう取り組みをすればいいか簡単には分からない。ほとんど不可能と思われるが、それでもメンバー全員が本気で努力すればどうにか達成することができるだろう、とギリギリで思えるぐらいの高い目標設定でなければならない。

チームのメンバーを選ぶにあたっては、「まず最初に小さな関わりから、その人物の必要性が実証された人」だけを選別することが大切だ。大きな仕事をいきなりやらせてみるのではなく、事前のテストとして小さなミッションを課してみて、その達成のプロセスを見るのである。

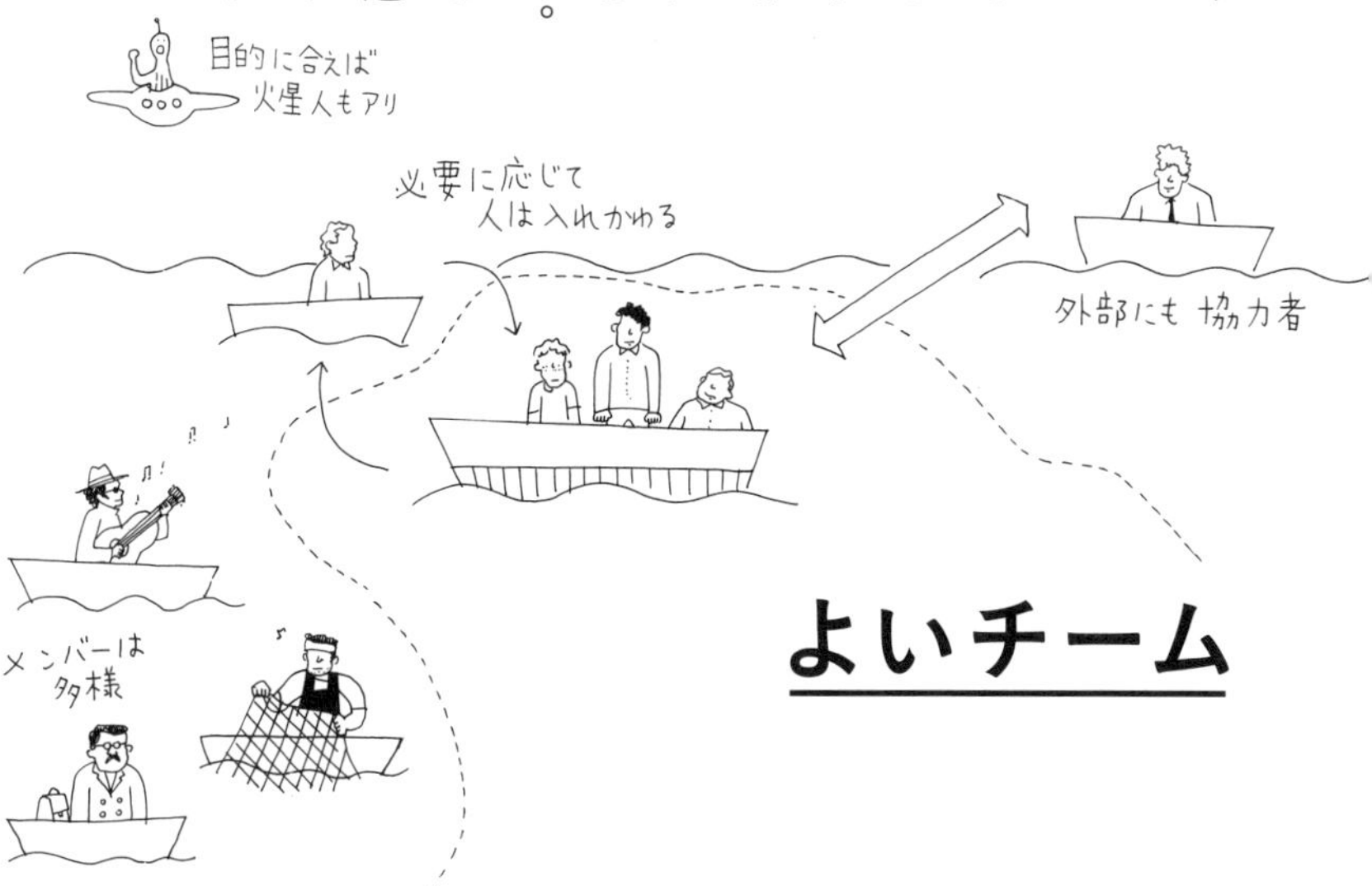
目的に合えば
火星人もアリ
必要に応じて
人は入れかわる
外部にも 協力者
メンバーは
多様
よいチーム

ダメなチーム（ありがちなチーム）では役職や年次で選抜されるが、よいチームはあくまで「何ができるのか」でメンバーが決まる。ところがこれまでに試みたことがないプロジェクトなわけだから、その仕事に必要とされるスキルもはっきりとは分からない。だから何かしらのスキルがあるからといって、その人がメンバーにふさわしいとは言えないのである。

ミドルステージに入ったベンチャー企業が次の成長を睨んでファイナンスを強化するため、会計に精通していたり金融業界での経験がある人を採用してみたが、入社してみたらまったく役立たずだった、という話をよく耳にする。それも当然で、経理システムができあがった会社や大手の金融企業では役に立つスキルでも、ゼロからシステムを構築して行かなければならないベンチャーでは、通用しないのである。

	ありがちなチーム	よいチーム
解決する課題、達成目標	定型的で平凡	非定型的で達成可能だがとても高い
メンバー選定	年次、経験、ランク、バランス	小さいコミットから必要性が実証された人を選別
メンバーのスキル	固定的	流動的。互いを補完しようとする結果、学習により獲得される
メンバーの人数	数多くの正式メンバー	少数のコアメンバーと多数の周辺メンバー
目標へのコミットメント	やったふり、仕事をしたつもり	負けたら解散。痛いカネを張る
メンバーの責任	集団責任は無責任	ひとりの失敗が即全員の失敗
問題解決ツール	コンサルタントごっこ	バックグラウンドの違うメンバーの共通言語

「ありがちなチーム」と「よいチーム」の違い

くれぐれも「何がしかの資格やスキルを持っている」といった、履歴書に書いてあるような項目のみを理由にメンバーを選んではならない。

『王様のレストラン』に見るチームアプローチ

このチームアプローチの概念を、魅力的なドラマに仕立てあげたのが、1995年にフジテレビで放映された三谷幸喜脚本のドラマ、『王様のレストラン』だ。

このドラマは、かつては一流の店だったが、今ではつぶれかけているフレンチレストランを亡き父から受け継ぐことになった若きオーナーが、才能があるのにそれぞれ個別の問題を抱えて輝きを失ったスタッフとともに、店を立て直すという物語である。

主人公の新オーナー(筒井道隆)は料理も経営もまったくの素人だが、松本幸四郎演じる「伝説のギャルソン」と呼ばれた男の復帰をきっかけに、スタッフの助けを借りながら、活気あふれる一流のレストランの姿を取り戻していく。洒落《しやれ》たセリフとテンポのよいストーリー展開、脇を固める西村雅彦、鈴木京香、山口智子などの名演技によって、大ヒットのドラマとなった。

このドラマのテーマこそが「チームづくり」だ。大阪市立大学で経営学を教える川村尚也《たかや》氏は、その名もずばり『「王様のレストラン」の経営学入門——人が成長する組織のつくりかた』（扶桑社刊）という題名の本で、いかにこのドラマがチームアプローチの教科書として優れているかを詳細に解説している。

同書のなかで川村氏は、『王様のレストラン』の秘めたテーマについて、こう述べている。

王様のレストランのヒントは意外にも単純である。〝良き友〟が欲しければ、探すのではなく創ればいい。これと思う相手を決めて、一緒に本気で働いてみたらいい。本当の自分を探して雑誌や教材の山に埋もれる前に、本当の友達を探して忙しくパーティを駆け回る前に、とりあえず今いる場所で、今の仲間と一緒にいいチームを創って、目の前の仕事に一生懸命に打ち込んでみたらどうだろう。もしかするとそれが本当の「自分」を見つけるいちばんの近道なのかもしれない。

それと反対の「ダメなチーム」の姿についても川村氏は述べている。

職場や学校、町内会や趣味のサークルなど、人が集まる所ではどこでも見られる「仲良しグループ」の多くは、自分に自信のない〝迷える子羊〟たちが、似たもの同士でツルんでシマを作る防衛的な集団である。メンバーはみな、自分がどんな人間かよくわかってない。わかってるのは、自分たちが優秀じゃないことだけ。だからいつも不安でたまらない。

自分で考えリスクをとって、成果を生み出せば、自分に対してある種の自信が生まれる。ところが自分から逃げ回って、他人に人生を預けて、従うべき何か、評価してくれる誰かを探してばかりいると、同じところをぐるぐる回り続け、永遠に不安なままの状態となってしまう。

『王様のレストラン』では、初めはバラバラでお互いに疑心暗鬼のレストランのスタッフが、ひとりのギャルソンの入店をきっかけにして、じょじょに変わっていく姿が描かれる。

ワインの知識があることに過剰な自負を抱いていて、仲間やお客さんに対しても横柄な態度をとっていたソムリエや、心のこもっていない笑顔しかできず「自分は接客業に向いていない」と悩んでいるバーマンの女性も、店を一流にするというギャルソンの「ビジョン」に接して、店に起こるさまざまな苦難を乗り越えるうちに、居場所を見つけて自分の働く場と仲間を誇りに思うようになっていく。まさに「よき友は探すのではなく、ともに働いていくなかでつくられていく」のである。

「本当の自分」や「本当の仲間」をいくら懸命に探し求めたところで、思春期の堂々巡りの自問自答のようなもので、１００％満足できる存在が見つかることは、永遠にない。「今目の前にある仕事」「やらなければならない宿題をやること」を通じて、その試練を仲間とともに乗り越えることが、結果的に自分自身や仲間を見出すことにつながるのだ。

SNSでつながることの無意味さ

「試練を通じてつながった仲間」こそが本物であると述べたが、一方で近年では、フェイスブックやツイッターなどＳＮＳ（ソーシャル・ネットワーク・サービス）と呼ばれるインターネットのコミュニティサービスが隆盛を極めており、それらを有効活用して人脈を作って仕事につなげよう、といった主張をする人もいる。

ここ20年の間に人類が生み出した新技術で、もっとも世界にインパクトを与えたものは、インターネットであることにほぼ疑いはない。軍事用、学術用でしかなかった情報ネットワークが、ほぼすべての人に行き渡り、携帯電話からもインターネットにつながるようになった結果、人々は起きている時間、ネットワークにつながったままで生活するのが当たり前となった。

ネットは電話と異なり、手軽に、スキマ時間を使って、お互い通信する時間をすりあわせしなくてもコミュニケーションできる。また、メールという1対1の関係から、ブログやソーシャル・ネットワークサービス、LINEやSkypeなどの新しいネットサービスが普及したことにより、1対多、多対多のコミュニケーションが可能になった。

年賀状や同窓会などでつながっていた時代とは比較にならないほど、人とつながるのは容易になり、連絡をとるのも維持するのも、ものすごく低コストでできるようになった。

しかし、経済学の原則として「増えすぎたものは価値が急激に低下する」。

人脈も同じである。

人とあまりにも簡単につながれるようになった結果、近年では一つひとつのつながりの価値が、低下してしまっている。むしろ、つながりがあまりにも豊富になったため、逆に、より価値ある仲間を見つけ出せる人と、そうでない人との格差が広がり、その「仲間格差」が、成果の格差に直結するようになってきたのだ。

人とのつながりづくり自体が自己目的化し、フェイスブックなどで数千人の「友だち」がいることを誇示しているのに、本人はあまり幸せそうではないという人は少なくないが、そういう人は結局、「人的資産」をすり減らし続けているのである。

ちなみに「フェイスブックの友だちは選んだほうがいい」とツイッターで以前私が書いたところ、少なくない数の人の賛同を得た。なぜフェイスブックでは友だちを選んだほうがいいのか。それはフェイスブックの友だちにどんな人がいるかで、その人の評価が決まってしまうことがあるからだ。

今ではビジネスで知り合った人が、どんなバックボーンを持った人なのかを知るために、フェイスブックでその人のプロフィールを見るのは当たり前の行動になっている。

で、怖いのは、プロフィールに出てきた「友だち」に「痛い人物」が含まれていた場合、その人も「痛い」と判断される可能性が高いことだ。

つまりその人のまわりにどんな人がいるかによって、その人物のパーソナリティがくっきりと明確に浮かび上がるのである。古くから言う「類は友を呼ぶ」という諺《ことわざ》は本当なのである。フェイスブックで無闇に友だちを増やすのが考えものなのは、それが大きな理由だ。

同じくネットサービスのツイッターも、「誰をフォローしているか」見ることで、その人物の思想や知的レベルをかなりの部分類推することができる。ツイッターで誰をフォローするかは、個人の完全な自由であるがゆえに、タイムラインがその人の価値観を反映する。ツイッターではよく事実無根の情報が拡散して問題となるが、そのような「デマ」に踊らされる人は、ダメな情報しか集まってこないような環境を自ら作っているだけなのだ。

　これは現実の世界でも同じことが言える。ダメな奴とずっと同じ時間・同じ場所で過ごし、ダメな情報ばかりに囲まれていると、自分もその水準になってしまうことは避けられない。SNSで友だちの数を競ったり、LINEのようなメッセンジャーサービスの「既読」に一喜一憂したり、居酒屋やシェアハウスで愚痴を言い合ったりしているのは、人生の無駄以外の何ものでもないのである。


　ネットの普及により「インフレ化」した人脈と対照的なのが、スイス系のプライベートバンクの顧客獲得の手法だ。彼らはきわめて「人への投資」的な発想で事業を行っている。

　まず自分たちからは積極的に営業をしない。あるスイスの銀行は、ウォールストリート・ジャーナルに広告を打っておきながら、どこにも連絡先が書いてないということもあった。

　その広告には、「お客様からご連絡いただく必要はありません。私どもからご連絡いたしますので」とだけ書いてあった。つまり、その広告の目的は、「取り引きする相手を紹介ベースに限定している」ということのアピールなのである。

　実際にスイスのプライベートバンクに口座を開くには、数度にわたる「審査」を受けねばならない。まず社会的に信頼のある人から、銀行で働くバンカーを紹介してもらい、「知り合いレベル」から少しずつ友人のような関係を結んでいく。そうして口座開設希望者の仕事から資産状況、プライベートまでを銀行がよく理解したうえで、ようやく口座の開設が認められるのである。たとえ金持ちであっても、『ゴルゴ13』のように「報酬は俺のスイス銀行の口座に振り込んでくれ」などと言えるのは、ごくごく一部の限られた人間なのである。

ロックフェラーのブラックブック

世界のビジネスの歴史上で、もっとも多くの人とネットワーキングできていた人は、アメリカの石油王、ジョン・ロックフェラーではないかと言われている。彼にまつわる伝説のひとつに「ブラックブック」と呼ばれる黒い表紙の手帳がある。

その手帳には、1万数千にものぼる人脈のリストが掲載されており、何人もの秘書が、ロックフェラーの交友が広がるたびに更新していったという。重要な会議中に、ロックフェラーが「○○に連絡してみろ」「○○を紹介してやれ」「○○の意見を聞いてみろ」などと指示すると、秘書はすぐにその人に連絡をとって、ビジネスにつなげていった。

現代では、手帳と秘書という原始的な方法に替わって、誰もがコンピュータによって、数千人の人脈を管理することができるようになった。それでは、誰でもロックフェラーのようになることができるかというと、そんなことはけっしてない。

ロックフェラーがそれほど大きな人脈リストを維持することができたのは、リストの先にいる人にとって、ロックフェラーからのコンタクトに応えるだけの大きなメリット、ないしは個人的な過去の関係があったからだ。

つまりロックフェラーの権力や経済力が背景にあるからこそ、彼はその人脈を維持することができたということになる。したがって、ロックフェラーほどの財力、知名度、権力がない人が、数としての人脈を追求しても、意味がないということだ。

人脈維持のボトルネックは、情報処理能力ではなく、その人の持っているパワーそのものなのである。だからこそロックフェラーほどのパワーを持たない人は、少ないパワーを効率よく、人脈に割り当てなければならない。

社交に過度な時間と労力を注ぐことは、時間の無駄となるどころか、ときにはマイナスにもなる。強力な磁石が、鋼鉄もくず鉄も区別せずに引き寄せてしまうように、人脈の多さを自慢する人は、つきあって有意義な人だけでなく、自分の足を引っ張ったり、迷惑をもたらす人や、さらには反社会的な勢力とまでもつながってしまうことがあるのだ。

私の場合、「この人とはあまり積極的につきあいたくないな」と感じる人からは、メールなどが来ても、返事を返さなかったり、返事をするにしても、角が立たない程度にゆっくりしか返さないということもある。

モノも知識も、たくさん持ちすぎると、それを自分がコントロールしていると思っていながら、逆にそれらに縛られてしまうということがある。いわゆる「専門バカ」というのがそれだ。ある分野については膨大な知識を持っているがゆえに、それ以外の視点からは物事が見えなくなってしまうのだ。

だからそれを防ぐためにも、ときどきは自分の持つ「モノ」や「知識」を手放したほうがいい。これは勇気がいることだが、「持っているものが多いこと」が貴いのではなく「必要なものが少ない」のが貴いのである。仲間についても同じだ。

仲間の数を増やすのではなく、少数の仲間の質を追求することが、肝要となるのだ。

つながりの「場」はここだ

さて、それでは、本書を読む人は、どのような場で「仲間」を探していけばよいのだろうか。ロックフェラーのようなパワーもない。パーティで名刺を配ったり、フェイスブックでお手軽につながるのにも意味がない。だったらどうすればよいか。その答えは、あなたのこれまでの人生の軌跡にある。

あのアップルの創業者である「二人のスティーブ」、ジョブズとウォズニアックはヒューレット・パッカードのサマーインターンシップで知り合ったことはよく知られている。ウォズニアックはUCバークレーを中退してヒューレット・パッカード社に入社し、そこでインターンに来ていたジョブズと意気投合し、後に二人でアップルコンピュータを創業する。

マイクロソフトの共同創業者であるポール・アレンとビル・ゲイツは、最初の出会いがシアトルの名門私立学校、レイクサイド中学・高校だった。さらにゲイツの後を継いで社長を務めるスティーブ・バルマーはビル・ゲイツの大学のときのルームメイトだ。

世界で最大の投資家として知られるウォーレン・バフェットの片腕、チャーリー・マンガーはバフェットと同郷のオマハの出身で、幼なじみだった。若いころにマンガーは、バフェットの祖父が経営していた雑貨店でアルバイトをしたことが契機となって、後に投資の世界に足を踏み入れている。

そのように世界的に大成功している人々の、その成功の大きなきっかけとなった仲間との出会いは、10代から20代前半という非常に若いタイミングなのである。

じつは私自身が投資していたり、役員となっている会社の経営者も、大学時代の同級生や、サークルの後輩だったりする。以前、出資していた会社のひとつ、「ホットリンク」という会社は、今話題の「ビッグデータ」の解析で業績を伸ばしている。このIT企業の社長、内山幸樹氏とは大学時代の弁論部で知り合った。

「ビッグデータ」とは、人の行動履歴をすべてコンピュータ上で把握し、統計的に分析することで確率論的に未来予測を可能にするという概念で、最近では新商品のマーケティングや選挙の投票予測など、幅広い分野で使われるようになりつつある。

ホットリンクの内山氏は、東京大学に入学後、やりたいことを見つけるためにインドに旅行したり、弁論部のほかにもテニスサークルやイベントサークルなどさまざまな組織に所属した。契機となったのは、進級にともなって工学部の造船を学ぶ学科に進んだことだった。じつはその学科は学生にあまり人気がなかった。内山氏は成績がよくなかったために「仕方なく」入ったのだが、そこでヨットレースのアメリカズカップに出場する日本チームの船の設計に携わったことが転機となった。

日本中から船舶に関するあらゆる分野の最高権威の技術者が集まり、最先端のテクノロジーを結集して、世界と勝負することに興奮を覚えたのである。内山氏はそのプロジェクトを通じてコンピュータのプログラミングを学び、そこで出会った学生たちを仲間に引き入れ、ホットリンクの前身となる「デジット」という会社を学生起業することになった。私は間近でその様子を見ていて、「彼の事業を応援したい」と感じ、後にはシリコンバレーにもいっしょに足を運ぶなどさまざまなバックアップをすることになった。

学生時代の最大のよさは、お互いにまだ何者でもないがゆえに、フラットな関係を構築できるところにある。社会人になってしまうと、自分と違う業界や社会階層の人と出会って親しくなることは難しくなる。しかし学生時代は出自がほとんど関係ない。

「何者でもない時代」が有用な証左に、大学よりも高校のほうが「同窓生意識」が強いことが挙げられる。同窓生の人数の関係もあるだろうが、社会人になってから知り合った人と、大学がいっしょであることが分かっても、あまり「仲間意識」は生まれない。しかし同郷で高校がいっしょだと分かったとたんに、ものすごくシンパシーを覚えるということがある。

それゆえに「高校同窓生マフィア」のような非公式なグループは、どこの業界にも、どの地域にも存在する。とくに地方であるほど、その地域のトップ進学校の卒業生が官公庁から経済界までを牛耳っていることが少なくない。10代にできた人脈が、20年、30年経ったときに重みを増すのである。

肥満は伝染する

学校で出会う友だちをはじめ、自分とどんな人がつながっているかには、単なる人脈としての価値だけではない、深い意味がある。

この10年ほどの間に、コンピュータを使って人間のネットワークを解析する研究がかなり盛んに行われている。その結果分かってきたのが、結局、「つながっている人が自分を規定する」ということである。

これに関するたいへん興味深い研究に、ハーバード大学医学部のニコラス・クリスタキス教授が行った調査がある。肥満傾向の人が持っている人的ネットワークを調べたところ、「太った友だちを作ると自分も太る傾向が強くなり、肥満は人から人へとあたかもウィルスが伝染するように広がっていく」ということが統計的に証明されたのである。

この研究は合計１万２０６７名を対象に、32年間に及ぶ体重の遷移を、その人の配偶者、兄弟、親戚、友人関係などの社会関係とともに詳細に分析したという恐るべきものだ。調査の結果、「肥満の友人がいる人は57％の確率で太る」ということが明らかになった。

この数字は、食生活や遺伝という、より肥満との相関が高そうなファクターよりも明らかに高いことも分かった。同様の解析の結果、配偶者間では37％の相関しかなく、兄弟間では40％という数字だったのである。

しかも、この傾向は「特に親しい友人」が肥満である場合に、加速する傾向が強いという結果が出ている。クリスタキス教授は、肥満の友人がいると肥満が悪いという認識が薄れ、「それは普通のことなのだ」とする考えを、いつの間にか受け容れてしまうことが原因だろうと分析している。

東京大学の合格上位校が決まっている理由

太っている人の友だちは、太っていることが多い。

つまり「友だちが自分を規定する」わけだが、毎年、東京大学の合格者の上位を占める高校の顔ぶれが変わらないのも、この原理で説明できるだろう。

全国どこの高校でも学習指導要領で教えることはある程度決まっており、教科書もほぼ同じものを使っていて、さらには、生徒によっては高校の授業をほとんど聞いていないにもかかわらず、常に毎年、灘、開成、麻布、ラ・サールなどの高校は、他の高校とはケタ違いの数の生徒を東大に送り込む。

もちろんそれらの中学・高校に合格した生徒たちの入学時の能力が高いことも理由のひとつだろう。だが、それだけでは説明がつかない。明らかにそれらの学校では「東大に行くことが当たり前」であるがゆえに、多くの生徒が東大に行くのである。

ある年に、東京大学に数人合格した高校が、それから合格者を伸ばしていくということもある。これも「東大に入ろうと思えば入れる」という現象を後輩が見ることで、行動が変わったと説明することができるだろう。

つまり進学実績がよい学校に入るということは、「自分もがんばればトップクラスの大学に進学できる」という無意識の教育観を手に入れることになるわけなのだ。

「蓬《よもぎ》も麻中に生ずれば扶《たす》けずして直し」という言葉がある。

これは性悪説を採りながら、教育を重視した中国の戦国時代末の思想家、荀子《じゅんし》の言葉であるが、「本来は曲がって生えるヨモギも、まっすぐ生える麻の葉に囲まれて育てば自然にまっすぐになる」という意味である。

人間もまた、まわりに成功している人が多ければ、成功することが当たり前だと思って努力する。しかしまわりに成功者がいない人は、「成功するというイメージ」が持てないために努力ができず、ひどい場合には「成功することで人間関係が悪くなる」ことを恐れたり、「自分が成功するはずがない」と深層心理レベルで思っているので、成功の直前で突然自滅的な行動をとったりするのだ。

教養とは「自分と違う世界に生きている人と会話ができる」こと

少し前にZ会という高校生向けの通信教育を行っている会社から、「これからの時代を生きる高校生に何かアドバイスを」と求められたことがあった。

そこで私が答えたのが、「とにかく徹底的に今勉強して、一流の大学に行ってください」ということだった。

誤解してほしくないので強調しておくが、私が一流大学への進学をすすめるのは、「卒業後、中央官庁や大企業に勤められ、人生が安泰に過ごせる」からではない。

むしろ今の時代、一流大学を出ただけでは、なんの優位性もない。東大の法学部を出て弁護士になろうが、京大医学部を出て医者になろうが、自らを資本主義市場で「高く売る」ことができない人間は、「高スペックコモディティ」として買い叩かれる運命にあるのだ（前著『僕は君たちに武器を配りたい』で詳しく解説しているので、興味のある方はぜひご一読いただきたい）。

では、なぜ一流の大学に行くことに意味があるのか。それはそこで得られる友人の質が高いことと、一流の大学は、間違いなく図書館も一流であるからだ。

じつは特定の専門分野について、大学の先生が教えることには、あまり大きな価値がない。なぜならばそれらの知識は、すでにその分野においてスタンダードなものとなっているだけに、現在の企業が価値を生み出すコアの知識からは、数年から数十年の「開き」があることが少なくないからだ。

それに一般的な大学の授業で教えているぐらいの内容は、やる気のある学生が本気で独学しようと思えば、1年間で学ぶ内容をひと月で終わらせることは十分可能だ。経済学でいえば、毎週1回か2回、先生の話を教室で聞くよりも、そのへんの本屋に行って、スティグリッツの本を購入して読んだほうがよっぽど早く最先端の知識を身につけられる。

これはあらゆる分野の学問について言える。大学（学部生）で学べる程度の専門性ならば、本やインターネットを利用することで、誰でも学ぶことができるのだ（近年ではスタンフォード大学やハーバード大学など、世界の一流大学がその授業をインターネットで公開するようにもなった。英語さえ理解できれば、無料で世界最先端の講義を誰もが視聴できる）。だから私はいつも「大学の本当の価値は、一に同級生、二に図書館が充実していること」と述べている。

大学に行くことの本当の意味は、アラン・ブルームがアメリカの大学教育の問題について分析した『アメリカン・マインドの終焉』（みすず書房刊）で述べているように、「教養とはほかの見方が存在しうることを知ること」にある。

そのよい例として、評論家の呉智英氏《くれともふさ》がかってこんな文章を書いていた。

むかしある農村で、数学が非常に好きで独学している青年がいた。彼は小学校を出て、農業に従事しながら、毎日一生懸命数学の難しい問題を解いていた。

10年後、青年は「数学の新しい公式を発見しました」と顔を輝かせて、村の中学の先生のところに駆け込んだ。どんなすごい公式かと思って見せてもらったところ、それは二次方程式の「解の公式」だった――。

彼が10年かけて自分の頭で考えだした公式は、はるかとっくの昔に発見されていたのである。

もし彼が貧しくなくて、中学校に進んでいれば、「解の公式」は数学の授業で必ず教わっていただろう。

この悲しいエピソードから学べるのは、自分自身の力で世の中にまだない知見、発見を生み出したい、と思うならば、まず「世の中ですでに明らかになっている知識は、徹底して効率的に学べ」ということである。

だからこそ大学では、専門分野に特化せずに、歴史、経済、社会理論、芸術、文化、語学などの幅広い教養を身につけることが意味を持つ。一度社会に出てしまったら、自分の仕事とは直接関係することのない、幅広い教養を身につけられる時間を作りだすことは、たいへん困難となるからだ。

教養の持つ大切な機能の一つが、「自分と違う世界に生きている人と会話できるようになること」だ。

外国語の習得もそのためにある。仕事やなにかで出会った外国人が、ちょっとでも日本語を話してくれると、それだけですごく相手に対して好感を抱くことがよくある。文法や発音がめちゃくちゃでも、覚えたばかりの日本語を話してくれれば、とても嬉しい。

それはその外国人が、「あなたの暮らしている日本という国に対して、私は大いに関心を持っています」ということを言外に伝えてくれているからだ。

外国語の習得と同じように、あらゆる教養は、それを専門とする人との会話の「糸口」となる。ちょっとした「小ネタ」を知っていることで、コミュニケーションが深まり、相手から信頼を得られるということは珍しくない。

たとえば内科医と話す機会があったならば、「最近は、大学病院でも漢方薬を出すことが増えているみたいですね」と話題をふってみる。年配の医者からは「漢方薬なんて効かないよ」と言われるかもしれないが、近年の大学医学部では、漢方薬の効能について科学的な研究をして、効果が実証されているものもいくつかある。また、カリキュラムに組みこまれていることもある。そのため若手の医者であれば、「漢方薬は比較的副作用が少ないから、私も使っているんですよ」などと会話が盛り上がるかもしれない。

このように自分と異なるコミュニティに属する人と出会ったときに、その人物と〝実〟のある会話ができるかどうかは、自分がどれだけの教養を持っているかに左右されるのだ。

余談になるかもしれないが、ネット上ではこのところ「ツイッター有名人」みたいな人がたくさん出てきている。なかには中学生や高校生で「ソーシャル・ネットワークを使いこなす新時代の若者」などと祭り上げられる人がいる。

私が知っている中学生にも、経済学の本をたくさん読んで、世の中の出来事を経済学的な観点から自分なりに分析して、ツイッターで呟いていた少年がいた。彼はツイッター界で人気となり、ソフトバンクの孫正義社長や、ジャーナリストの津田大介氏らとも交友を持つようになった。

しかしそんなことには、はっきり言って何の意味もない。著名人と知り合ったからといって、自分が偉くなったわけでも、人に誇れる能力を身につけたわけでもない。だから私は彼に会ったときに、こうアドバイスした。

「今君が珍しがられているのは、中学生なのに経済学にちょっと詳しい、ということが理由だ。このまま中学を卒業して、ふつうの高校、大学に進んだら、あっという間に『ただの人』になるのが目に見えている。

ツイッターで誰か有名人とつながって『○○さんとご飯を食べました』などと自慢をしているヒマがあったら、ひとつでも英単語や数学の公式を覚えたほうが、自分のためになる。今君がすべきことは、少しでもいい高校に行くために勉強することだ。そして一流の大学に入って、そこでちゃんと経済学を学ぶことだ。結果的にそれが、君の10年後、20年後により大きな意味を持つよ」

彼は私のアドバイスを素直に理解してくれて、ツイッターを止め、一流の高校に合格し、海外の大学を目指して勉強を始めているようだ。

学歴でなく「地頭」のよい人物に声をかけてみる

「一流大学卒でない自分は大丈夫なのだろうか」とお思いの方もいるかもしれない。だが、経営者としてビジネスを成功させるのと、学歴の間には、強い相関はない。受験のようなペーパーテストで高い点数を取ることと、現実社会で事業を成功させることには、まったく違う種類の能力が必要となるからだ。私の知人で、高級宝飾品の輸入販売会社として、日本でも有数の売り上げを誇る会社を経営するAという人物がいる。

A氏は大学を出てから一度就職したものの、「東大や早慶を出たというだけの上司に使われる人生はつまらない」と考えて、独立して起業することを決意した。商材は独立前に扱っていて商品知識があった宝飾品とすることに決まったが、自分ひとりで商売を始めるのは心もとない。誰か仲間が欲しいと考えて、思い出したのが自分の通っていた県立高校（レベルは県内で中の下）の同級生のなかで、もっとも頭がよかったある男のことだった。

その男、B氏は勉強ができるというよりも、「地頭《じあたま》」がよかった。話をしていても常に論理的で、物事を客観的に考え、意見が違う人の話を冷静に聞くことができる人物だった。自分が通う高校には珍しいタイプだった。

B氏は在日の3世だったことから、高校を卒業後、朝鮮大学校に進学した。しばらく連絡をとっていなかったのでその後の進路は分からなかったが、人伝《ひとづて》に聞いたところ、大学を出たあとは、朝鮮系の金融機関に就職したという。A氏は久しぶりにB氏に連絡をとり、「いっしょに商売をやらないか」と持ちかけた。B氏も「いつかビジネスで勝負したい」と考えていたことから、その誘いに乗った。

A氏とB氏が始めた事業はまたたく間に軌道に乗った。店ではアンティーク品も扱うことにした。A氏の商品を見る目は確かで、「あの店には質のよいアンティークがある」と顧客の間で話題となった。事業が成功した決め手はB氏の金融に関する知識だった。一般に在日系の企業は、民間の金融機関から資金調達の機会に恵まれないため、伝統的にパチンコホールなどの日銭を稼げるニッチな業種に活路を見出すことが多かった。

斜陽産業からはいち早く退出し、ある分野が成長すると見るやすぐに参入する、というのが在日系企業の生き残りの戦略だったのだ。Ｂ氏が朝鮮系金融機関で身につけた「商売の先を見通す目」はいかんなくＡ氏との共同事業でも発揮された。創業から15年が経過し、Ａ氏の経営する店は日本全国に10以上の店舗を構えるようになった。Ｂ氏は今なおパートナーとして会社の経営を支えている。

見晴らしがよい場所に行け

「つながりの場」として有力なのは何といっても職場だ。

私は学生などから就職先について相談を受けると、いつも「見晴らしがよい会社に行ったほうがいい」とアドバイスしている。

見晴らしがよい、というのはその会社が扱っている商品やサービスを通じて、業界全体を取り巻く状況を含めて、広く理解することができるという意味だ。

よく知られている話だが、ハンバーガーチェーン、マクドナルドの創業者であるレイ・クロックは、ミルクセーキのミキサーを売る営業マンだった。彼はアメリカ中の飲食店をまわり、自社のミキサーを売っていたのだが、52歳のときに訪れた、あるハンバーガーレストランの厨《ちゅう》房《ぼう》を見て衝撃を受ける。8台のミキサーを並べてまるで工場のように効率的にドリンクを作り、きわめて短時間でハンバーガーを提供することで、それまでの飲食店の常識では考えられないほどお客さんの回転率を高めることに成功していたのである。

クロックは「これからの飲食店はこのシステムが席巻する」と確信し、そのハンバーガー店を経営するマクドナルドという名前の兄弟に頼み込んで、フランチャイズの権利を譲ってもらう。それこそが「ファーストフード」という新たな食文化を、世界中に広める嚆矢《こうし》となったマクドナルドチェーンの始まりであった。

クロックは、なぜマクドナルド兄弟の店の革新性に気づくことができたのか。

それは彼がミキサーの販売を通じて、何千という飲食店の厨房の様子を見てきたからにほかならない。彼はミキサーを売ることで、飲食店の心臓部である厨房をつぶさに観察しながら、どういう調理システムが高い利益を生み出すことができるのかを学んでいたのである。

クロックのケースと同様に、あらゆる業界内で、「見晴らしがよい」場所に位置する会社や職場があるはずだ。せっかく、「見晴らしがよい」場所が身近にあるのに、そのことに気がついていないことも多い。そういう立ち位置を見つけたら、業界内のルールや常識を勉強しながら、工夫や改善のチャンスを見出す。そして業界のなかでよい仕事をしている人々との関係を構築し、彼らに学んでいけば、いずれは強いネットワークが自分のまわりにできていくはずだ。

ブートキャンプで自分を鍛えろ

また私は若い人々に、「ブートキャンプのように自分を鍛えてくれる会社に入ること」も奨《すす》めている。

ブートキャンプとはアメリカの軍隊における「新兵の訓練施設」のことを指す。スタンリー・キューブリック監督の名作として知られる戦争映画、『フルメタル・ジャケット』の前半では、鬼教官が入ったばかりの新兵をボロカスにけなして鍛え上げていくブートキャンプの日常が描かれている。アメリカの平和な町に暮らしていたふつうの青年を「兵士」に変えて、生死が隣り合わせの戦場に送り込むためには、戦うために必要なスキルと敵兵を銃撃しても眉ひとつ動かさないマインドを短期間で叩きこむ必要があるのである。

「ぬるま湯」のような雰囲気の会社もあれば、ブートキャンプさながらの厳しい会社もある。単に厳しいだけで何のスキルも得られないブラック企業もあるが、厳しさの見返りに、どんな会社に行っても通用する人材になれる会社も存在する。

私がいたマッキンゼーという会社は、まさにそのようなブートキャンプ的企業の代表といえる。またリクルートという会社も、扱う領域の広さと社員に求められるスキルの高さから、自分を大きく成長させることのできる企業である。

現在では大学生の就職人気ランキングで毎年トップクラスにあるリクルートだが、今から30年前は高卒の人間でも入ることができた。今なおリクルートでは、学歴や性別はほとんど関係なく、仕事の結果さえ出せばどんどん出世できる風土が残っている。

そのため女性で活躍する社員も多く、リクルートを辞めて外部で働いた後に、再びその経験を生かして舞い戻る人も珍しくない。私が関わっているリクルートのあるセクションには、奈良先端科学技術大学院大学の元研究者もいれば、明治大学を出てバリバリ営業で結果を残し、社内で頭角を現したアラフォーの女性などがいて、バラエティ豊かな人材を、超体育会系のリーダーが率いている。

ちなみに、現社長の峰岸真澄氏（1964年生まれ）は、立教大卒。社内ではずっと傍流を歩いていたが、数々の新規事業で業績をあげてトップにまで昇りつめた。

会社全体に異文化を許容し、いろんな人間がいることをよしとする企業風土があるのだ。そのような多様な人間を好む企業文化は、おそらくリクルート創業者の江副浩正氏の人間心理に対する好奇心が根本にあると思われる。江副氏は東京大学の教育学部で心理学を学びながら、学生時代に同社を起業した。そのため心理学を学んだ学生もよく採用し、同社の商品開発などにもその人材を活用してきた。リクルートは研修が好きな会社で、社員は在籍期間中に自己啓発を目的としたさまざまなセミナーを受講することができるのも、江副氏が自己啓発に多大な関心を抱いていたからにほかならない。

ただし「結果がすべて」なのはリクルートのどの部署でも共通する価値観のため、入ってはみたものの、力を発揮できない人間にとっては長く残ることが難しい会社であることも事実である。

私がいたマッキンゼーの場合はさらに過酷で、社員は基本的に同じ役職には3年程度しかいられず、3年経っても上位の役職に昇進する見通しがなければ退職を迫られる。「up or out」(昇進か、退職か)という文化が当たり前のものと見なされていた。

マッキンゼーとリクルートを卒業した社員に、起業して成功する人が少なくないのは、このように「ブートキャンプ的環境」で厳しく鍛えられた経験があるがゆえなのである。

そう考えると、ここ最近ニュースでよく目にする「ブラック企業」に対する批判も、なかには的外れなものが含まれることに気づく。若い従業員の労働力を搾取するだけの会社は問題外だが、非常に仕事が厳しくても、その業務を通じて大きく成長することができる会社は、ブラックではないのだ。

バイトで潜り込むのもひとつの手段

今いる会社で見晴らしがきく仕事に就いているわけでもなければ、そもそもブートキャンプ的な会社でもないという人もいるだろう。

大丈夫だ。ネットワークを構築する方法はいくらでもある。たとえばあなたが営業マンであれば、その会社のキーマンに営業マンとしてアタックすることで人脈を構築できる可能性がある。今自分にある手持ちの「資産」をどう活用すれば、求める人的コミュニティとつながることができるか、真剣に考えることだ。

現在「ミュージックセキュリティーズ」というアーティストの資金援助などを手がける会社を経営する小松真実《まさみ》という青年の場合は、アルバイトから自分の夢の実現の手がかりを摑んだ。

小松氏はもともと音楽が好きで、自らもミュージシャンだったが、音楽の世界で経済的に苦しむアーティストを見ているうちに、「ミュージシャンを支援するファンドを立ち上げたい」

という野望を抱くようになった。

それで「金融会社ならばきっと自分の夢に近づくことができるだろう」と考えて、投資銀行の名門企業「ゴールドマン・サックス」にアルバイトとして潜り込むことに成功する。

彼は雑用をこなしつつ、どの社員が力を持っているのか観察を続けた。そしてある日、有力なファンドマネージャーのところに内線電話をかけ、「事業アイディアがあるので話を聞いてくれませんか」ともちかけた。外からの電話ではないためファンドマネージャーも当然社員からの電話だと思い、小松氏が部屋に来ることを了承。そうやって小松氏は、アルバイトの身ながら投資銀行の有力ファンドマネージャーに、1対1のプレゼンを行うことに成功する。その社員こそ、現在「ひふみ投信」を運営し、数々の投資に関する著作を執筆する藤野英人氏だった。

藤野氏は小松氏から聞いた話が面白かったことから、彼の事業をバックアップすることを決めて、投資家を探して企業の立ち上げを支援した。現在、小松氏の経営するミュージックセキュリティーズは、アーティストのほかに日本酒の酒蔵や小さなジーンズの製造元、伝統工芸なども支援する活動を行っている。

人間の「交差点」がイノベーションを生む

もうひとつ、身をおくべきコミュニティ、ネットワークの条件を挙げるとするならば、「多様性」が担保されていることが重要だろう。

人類の歴史のなかで、もっとも多くのイノベーションがおきたのは、14世紀から16世紀にかけてのルネサンス期といえる。活版印刷術、羅針盤、火薬というもともとアジアに萌芽があった技術がヨーロッパにおいてまったく違う形に改良されて、その後の近代の進歩に大きなインパクトを与えた。

フランス・ヨハンソンは、『メディチ・インパクト』(ランダムハウス講談社刊)のなかで、中世ルネサンスのフィレンツェにおいては、金融で莫大な財をなしたメディチ家の庇護《ひご》のもと、レオナルド・ダ・ヴィンチやボッティチェリ、ミケランジェロなどの芸術家はもちろん、建築家や音楽家や科学者など、垣根を越えたさまざまな才能が集まることで、専門領域を超えてお互いに影響を与え合い、その結果、イノベーションが爆発的におきたと分析している。

そうした、人が集まる場所を、「交差点」とヨハンソンは呼ぶ。

人脈のネットワークを構築するときにも、自分自身がその「交差点」になることで、人脈の価値が単なる足し算でない、相乗的な価値を生むわけなのだ。

多様な交わりがイノベーションを生み出すことは学問分野にも言える。
経営論を研究するリー・フレミング氏は、ニューメキシコにあるサンタフェ研究所で「学際的なコラボレーション」からどのようなイノベーションが生まれてきたかに関して調べるため、1万7000件あまりの特許について調査した。
その結果分かったのは、次のことだ。

チームのメンバーが似たような専門分野の出身者である場合、イノベーションの平均的な経済的価値は高いが、画期的な発明が生まれる可能性はきわめて低い。
それと対照的に、多種多様な専門分野の出身者からなるチームが生み出すイノベーションは、失敗の可能性も高く、平均すると金銭的価値も低くなるが、ひとたび画期的な発明が生まれると、その時点でもっとも優れた発明をはるかに凌ぐ高い価値を生み出す。

（『ハーバード・ビジネス・レビュー』2004年12月号）

たとえば経済学者と物理学者は、両者ともに「数学」という共通の手法を用いて対象を研究する。〝複雑系のメッカ〟サンタフェ研究所でも、これまでに物理学のモデルを経済に応用して、いろんな研究成果が生み出された。

一方、近年もっとも経済学の分野でイノベーティブな領域となっているのは、経済学と心理学を組み合わせた「行動経済学」である。近年のノーベル経済学賞も、行動経済学の学者たちの受賞が続いている。

経済学者は基本的に、「人間は合理的に考えて損得で行動する」という人間理解に基づきモデルを組み立てる。

それに対して心理学者は、「人間の認知には歪《ひず》みがあり、それゆえに100%合理的な行動をとることは不可能である」と考える。

このように前提とするロジックが違う学問同士が組み合わさったことでまったく新しいパラダイムが生み出されたわけである。

これを組織のチーム論に応用すると「多様性の経営」(ダイバーシティ)が重要であるということになる。継続的なイノベーションをおこし続けるためには、異なるバックグラウンドのメンバーを同じ組織に所属させておく必要があるのだ。

現代の企業のなかで、もっとも「多様性の経営」を意識しているのは、経営コンサルティング会社だろう。

私がかつて所属していたマッキンゼーでは、さまざまな業界バックグラウンド、教育、国籍のスタッフを採用していた。外資系コンサルティング会社というとMBA取得者が多いというイメージが強いが、実際には、マッキンゼーは理系のエンジニア出身者の比率が高く（かの大前研一氏もともとは原子力のエンジニアだ）、学卒出身者もけっこう幅を利かせていた。

中途採用者の前職も、金融機関やメーカーの出身者はもちろん、官僚や公務員、さらには医者までいた。海外オフィスでは、サッカー選手、海兵隊員などもいたし、弁護士やロースクールの出身者を狙った採用戦略をとっていたこともあった。

また、プロジェクトチームのメンバー構成も、バックグラウンド、経験年数等の属性がある程度ばらけるように組まれており、クライアント側のチームに対応できるように考慮されていた。クライアントにとっては、マッキンゼー自体が外部リソースとなり、マッキンゼーをチームの一員に加えることが「多様性の経営」を実現する方法となりうるわけだ。

「男女共同参画社会」というのも、社会全体の「多様性の経営」といえるだろう。女性が経営に参画したほうが企業にとってよいのは、女性に対する「恩恵」ではないし、そうすることが女性の「権利」だからでもない。結果的に女性が経営に参加したほうが、組織全体のパフォーマンスが高くなることが、さまざまな研究で証明されているからだ。従業員に占める女性の比率の高い会社のほうが、平均的に業績がよいことが、多くの統計で明らかになっているのである。

多様なメンバーがいることがよいチームの必要条件

チームのメンバーは、多様性があればあるほどよい。

それは、ダイバーシティがあるほうがイノベーションがおこりやすいからだと前項で述べた。その実例を、私が役員を務める「オトバンク」という会社に見ることができる。

オトバンクは、上田渉という男が、東京大学に在学中の24歳のときに設立した会社である。私は創業のときから投資家として、また役員として経営に参加している。創業してまだ9年だが、現在では日本の出版界において、オーディオブック（ネットからダウンロードして書籍コンテンツを音声で聴く）のデファクトスタンダードの地位を築くことに成功した。

上田の起業のきっかけは、読書が趣味で書斎を持つほど本好きだった祖父が、緑内障のために突然両目が失明してしまい、本が読めなくなったことにあった。「目が不自由な人にも、読書の喜びを提供したい」――そう考えた上田が、その後どのようなビジョンを描いて周囲を巻き込み、事業を軌道に乗せていったかは、後ほど詳述する。

オトバンクは現在、iPodやパソコンで気軽に音声放送を楽しめるポッドキャスティングのプラットフォームを提供する会社として、日本で指折りの大手となっている。同社が手がける書籍の情報提供サイト「新刊ＪＰ」も本の情報を提供するサイトのなかではアクセス数でトップにある。

出版界の音声コンテンツ分野で確固たる地位を占めることができたわけだが、そこにいたる道はけっして平坦なものではなかった。まずはじめに、上田の前に立ちふさがった難問は、出版物を音声化するにあたっての権利を、著者と出版社から取得することだった。

オーディオブックのビジネスは、自動車で移動しながら本を「聞く」習慣が一般化したアメリカで成功していたことから、日本でも新潮社をはじめとするいくつかの出版社が１９８０年代後半から乗り出していた。当初はカセットテープに本の内容を録音した「カセットブック」の形式で発売され、２０００年代になってからiPodやデジタルウォークマンなどのＭＰ３プレイヤーが普及すると、大手商社、大手ＩＴ企業などの10社ほどが次々にこのビジネスに乗り出し、日本でのオーディオブック市場の立ち上げを狙う。だがいずれの取り組みも、失敗に終わった。その最大の理由こそが、著作権の壁に阻まれて、魅力的なコンテンツを多数揃えることができないことだった。出版物の著作権がからむビジネスに、第三者が参入するのは非常に困難だったのだ。

アメリカでは現在、Amazon のキンドルなどの電子書籍が、紙の本に代わって読書のスタンダードとなりつつあるが、日本市場になかなか参入できないでいるのも、この著作権に関する権利取得の難しさが背景にある。ところがオトバンクだけは、学生が作ったベンチャー企業であるにもかかわらず、日本の大手出版社のすべてと契約を結び、著作権の壁を乗り越え、多数のベストセラーを音声コンテンツ化して、オーディオブックビジネスに成功することができた。いったいなぜそんなこ

特集

オトバンクの経営陣は上田渉ら学生と社会人の混成部隊。年代を超えて挑戦する

都内の小さなオフィスビルの会議室で、ネクタイをして新米サラリーマン風情の上田渉(写真左から5人目)が、屈託なく笑いながらこう言った。「実は、前に起業した会社で3000万円“燃やし”ちゃったんです。授業料みたいなものですね」。

ャー企業かと思いきや、経営陣の顔ぶれは実に「重厚」だ。元三井物産広報室長で、経営コンサルティングに従事する77歳の水野要が会長。50代の著作権に強い弁護士と60代の広告会社社長が取締役として専門領域を支える。また元マ

資本の論理で日本を変える

上田はもともと、政治家志望で「世の中を変えたい」と思ってきた。一方で大企業での可能性も探り、東大の先輩や知人にメールで問い合わせたが、返事は予想以上に後ろ向きだった。

日経ビジネス2005年10月3日号記事「大樹に寄らず挑戦せよ」より

とが可能だったのか。

答えを言えば、それは「正しいメンバーを集めることに成功したから」にほかならない。

どういうメンバーが集まったかを説明するには、まだ会社の実体が何もないときに取り上げてくれた『日経ビジネス』２００５年10月３日号が掲載した、右の写真を見るのがいちばん分かりやすいだろう。


写真中央が社長の上田渉である。当時は東大の経済学部にまだ籍をおいている。その右隣に写っている初老の男性は、元三井物産の広報部長の方で、オトバンクの創業役員のひとりである。この方は、１９７９年にイランに革命がおきたときに、三井系企業の総力を挙げてイラン国内に建設した石油プラントが革命グループに占拠された際、マスコミの広報対応を担当したという人物で、広報業界ではよく知られる人物だ。

右隅に肩が覗いているのは著作権分野では非常に有名な弁護士で、社長の左隣の若い人は「ゼント」というウェブ制作会社の社長の松島隆太郎氏である。ゼントは若手社会学者としてテレビなど多くのメディアで活躍する古市《ふるいち》憲寿《のりとし》氏が勤務する会社として知られ、さまざまな成功しているサイトのバックヤードを担っている制作会社だ。松島氏と上田は、高校時代、趣味が同じで、同級生として知り合っている。

このようにいろんなバックグラウンドを持つ人が集まったことから、オトバンクは設立当初から強力なネットワークを各所に持つことができた。100年以上の歴史を持つ出版社との交渉も、学生の上田ひとりが交渉に行ったところで相手にされなかった可能性は高かっただろう。だが上田には、自分よりずっと年齢が上で、日本のエスタブリッシュメント層に気脈を通じた協力者もいれば、出版社に対してデジタル化の方向性をアドバイスできる力を持つ同世代の仲間もいた。オトバンクは上田の持っていた幅広い人脈によって、成功への道筋を作ることができたのである。

事前に成功事例がないビジネスを行うベンチャーのような、不確実性の高いプロジェクトでは、このオトバンクの創業メンバーのように、会社や業界や世代の枠を超えたチームをいかに構築するかが死活的に重要となるのである。

会社はなぜ存在するのか

そもそも会社というのも、社会に多様性（ダイバーシティ）をもたらすために生み出された存在であるといえる。

ロナルド・コースという経済学者が、ずばり「会社はそもそも何のためにあるのか」ということについて考察して、１９９１年にノーベル経済学賞を受賞した。

彼の研究の背景には、20世紀初頭の世界において、株式会社のコングロマリット化が急激に進み、「このまま会社がどんどん合併していけば、最終的にはひとつだけしか会社が残らないのではないか」と予想されるほど急激な資本の集中への懸念があった。

日本社会においても近年、〇〇ホールディングスといった持ち株会社がいくつもの事業を行う別会社をまとめていることは珍しくなくなっている。

しかし、そもそも資本主義経済とは、「個人同士」が自由に取引を行うことを前提にしてルールを構築していったはずだ。その自由な取引を前提とする市場経済において、なぜ人々が集まった組織である会社が存在するようになったのか。しかも会社がどんどん巨大化し、資本がますます集中していけば、それは取引の自由を妨げることになるのではないか、とコースは考えたのである。

この大きな疑問に対してコースが出した結論は、「情報の流通効率を上げるために会社はある」ということだった。その意味は、逆に「いっさい会社が存在しない社会」で暮らすことを考えれば理解できる。

「会社がなければ〝一人前の焼きそば〟を作るのにも奇蹟が必要となる」

と語るのは、エイベック研究所代表で、『ソーシャルメディア進化論』（ダイヤモンド社刊）の著者でもある武田隆氏だ。

もし企業がまったく存在しない世界で焼きそばを作ろうと思ったら、どうなるだろうか。まず最初に小麦を作っている農家に行って、「小麦が収穫できたら売ってもらえますか」と交渉しなければならない。小麦を売ってもらえたとしても、今度はそれを製粉するために、挽《ひき》臼《うす》を持っている人を探す必要がある。

ようやく小麦粉から麺を打つことができたとしても、キャベツや豚肉を手に入れるためには、さらにとんでもない手間と時間がかかることになる。何種類もの材料とスパイスを煮込んでソースを作ろうとなると、もはや絶望的と言ってもいい。

それを一気に解消してくれるのが会社の存在だ。麺を作る会社、ソースを作る会社、野菜や豚肉を仕入れて売ってくれる会社があることで、人々は気軽に安価に焼きそばを作ることができるというわけだ。

だから会社というものは、そもそも人々の生活を効率的に運営するための手段として生み出されたものなのである。コースは企業という存在をこの「取引コスト」の面から分析したことが評価されてノーベル賞を受賞することになった。

ありとあらゆる商品やサービスを提供する会社が存在するからこそ、現代の資本主義社会は成立している。個人同様にさまざまな会社が存在し、多様性（ダイバーシティ）が担保されていることが、われわれの生きる社会の生命線なのである。

インターネットの普及によって、会社の取引はこれまで扱ってこなかったような領域にも広がり、国境をも簡単に越えるようになっている。

たとえば会社の経理業務でいえば、会社によっては社内に専門の担当者を置くよりも、「楽天ビジネス」のようなネット上で外注先を探せるサービスを利用して、社外に発注してしまったほうがコスト的にも安く、スピーディに業務を遂行できるという現象がおこっている。

もともと経理という仕事は、自社内のあらゆる金銭の絡む取引内容を覚えなければならない業務のため、外注することが困難な領域だった。ところが近年では、「弥生会計」のようなソフトの登場もあり会計業務が規格化されたことによって、海外企業にさえアウトソーシングできるようになったのだ。

そのような流れを敏感に捉え、新たな商機とする会社も出てきている。佐賀県の「諸井会計」という会計事務所では、多くの会計事務所が仕事の減少に悩むなかで、増収増益を続けている。諸井会計は大陸に近い九州の佐賀という立地条件を活かして、日本から中国の大連に進出した数々の大企業を相手にビジネスを行っているのだ。ふつうに考えればビジネス上のハンディとなる「地方」を逆手にとって、自らの「強み」としたのである。

さらに諸井会計は、数年前より企業相手にふつうの会計監査をやっていても競争が激しくなり、利益を出すことが難しくなっていることにいち早く気づいた。

そこで彼らが新たな仕事として取りに行ったのが、地方公共団体の「公会計」である。2007年から始まった「新地方公会計制度」に基づく財務書類の作成支援を始めたところ、それが大ヒットしているそうだ。

弱いつながり――人脈が重ならないネットワーク

自分にとってより価値の高い「つながりの場」を見つけるために覚えておくと役に立つのが「ウィークタイズ」という概念だ。

1970年、マーク・グラノヴェッターという社会学者が282人のホワイトカラー労働者を対象に彼らが就職活動中、どのような人とコミュニケーションしたかについて調査を行ったところ、「自分の持っているリソースやバックグラウンドと、まったく異なる人とつながったほうが、大きな価値が生まれる」ということが分かった。

グラノヴェッターはそのつながりを「ウィークタイズ（弱いつながり）」と名付けた。

転職においては自分と似通ったバックグラウンドの人に相談するよりも、まったく自分の業界とは関係のない人に相談したほうが、その後の転職活動がうまくいく。それが統計的に証明されたのである。

なぜそうなるのか、考えてみると答えは明らかだ。自分と同じタイプの人、自分が持っているリソースと似通っている領域で生きている人に相談や協力を求めても、それはせいぜい1が2になるぐらいの足し算的な変化しかおこらない。自分と「強い絆」を持っている人は、自分と似たような情報、似たような思考様式、似たような人脈しか持っていないので、すでに自分が所有しているリソースに対して新たな付加価値をもたらす可能性が低い。それゆえ「強いつながり」の人物とばかり交流しても、1が10にも20にもなるような、掛け算の変化はおこらないのだ。

しかし自分とぜんぜん違う領域に住む人は、これまでの自分が知り得なかった知識や考え方、出会ったことのない人脈、気づかなかったネットワークなどを持っている。

そういう異質な人と出会うことで、自分でも思いもかけなかった掛け算の変化が生まれるきっかけとなる。飛躍的にチャンスが広がる可能性が高まるのである。

この研究は約40年前にアメリカで実施された。そのため、社会構造が歴史的に米国とは大きく異なる日本でも同様の結果となるかは疑問視されていたのだが、最近になって行われた社会学者の安田雪氏（前出・関西大学社会学部教授）らの研究によって、日本社会でもこの「弱いつながり」が有効であることが証明されている。

チームを作るうえでも、この弱いつながりに着目することが大切だ。

「自分と違うネットワークを持っている人」とつながることが、後々に大きな意味を持ってくるのである。ここでは、非常に多様なネットワークに属しているある人物を取り上げたい。

仮にA氏としよう。A氏は幼稚舎から大学まで慶應に通っており、大学では体育会クラブの主将を務めた。そこでいわゆる日本の古い企業のエスタブリッシュメント層に通じているネットワークを構築した。そのなかには、けっして大企業ではないが、その分野できらりと光る、100年以上続いている家族経営企業も含まれる。その後A氏は米国のビジネススクールにM

BA留学し、アメリカやヨーロッパ、中国、韓国、東南アジア、さらにはアラブのビジネスマンたちとも交友を結んだ。

卒業後、A氏は外資系のコンサルティング会社に就職したことで、もともと人材のハブであるコンサルティング業界に集まってくる有為の人材はもとより、そのクライアント企業である大企業の経営に関わる人々にまで交流を広げることになる。

そして最後は、実家の社業を継ぐわけだが、その会社は、その分野では長い伝統を持った会社で、これまたさまざまな企業の重要なセクション、有力者個人を顧客にしている。そのようにまったく違ういろんなレイヤーのコミュニティに属していることが、A氏をさまざまな仕事の場面で助ける光景を何度も見かけたことがある。

重責を担う意思決定者は、大事な決定をするときには必ず人のアドバイスを聞くものである。地位が高く、また重要な決定をするときであればあるほど、自分の独断では決めず、さまざまな人の意見に耳を傾ける。

A氏は、何か重要な決定をするときには、彼の幅広いネットワークを駆使して、その問題を考えるのに必要な複数の人の意見を聞いて、それらを総合したうえで最終的な決断を行う。ネットワークが狭い人は、特定の「メンター」に頼ってしまったり、自分で思いつく程度かそれ以下のことしか言わない人たちの、似たり寄ったりの意見を多数集めているだけだったりする。タバコをやめたいと思っている喫煙者がどうすれば禁煙できるのか、喫煙席でスパスパ、タバコを吸っている人たちにアドバイスを求めても、耳を傾けるべき意見は返ってこないに決まっている。

A氏が継いだ家業の日常のルーティンが狭い社会に限定されていても、外部に、「ブレイン」(頭脳)がいるため、質の高い意思決定ができるのだ。

もちろん、A氏の社交的でマメな人柄があってのことであるが、この人柄自身、多様な人々との交流のなかで育まれたものだとも考えられるし、彼は、そのネットワーク上の人を助けるので、ますますネットワークが発展していくという、相乗効果が働くメカニズムになっている。

A氏のように華々しいネットワークを作れるかどうかは、生まれや育った環境などの条件によって左右されてしまうので、誰もができることではない。

そもそもネットワークというものは、作ろうと意図して作れるものではなく、自然とできあがってしまうものなのだ。「自分がどういう人間なのか」によって、ネットワークは決まってしまう。禅問答のようだが、ネットワークを変えるということは自分を変えるということであり、自分が変わらなければネットワークも変わらないのである。

それでもスキルを身につけるための学校に通ったり、転職したり、何かしらのコミュニティに属することで、ネットワークを後天的に構築していくことは可能である。

その際に気をつけておくべきは、「他の人脈と重ならないネットワークを作る」ということだ。自分がすでに所属しているチームの他のメンバーと、重なるネットワークを作ってもあまり意味がない。自分の社内や同じ部署だけでネットワークを作っても価値が生まれないのである。

組織行動を研究する学者であるロナルド・S・バートは、ソーシャルキャピタル（社会関係資本）をネットワーク構造から分析して、「構造的空隙《くうげき》」という概念を提出した。人のつながりが図Aのように閉じているものよりも、次の図Bのようにネットワークの密度が低く、人脈の重なりが少ない構造になっているほうが、多様な情報が流れ、創造性が発揮され、イノベーションがおこりやすいのである。

自分たちとは違うコミュニティとつながっている「橋《ブリッジ》」のような人物とネットワークを構築していくことが肝要なのであり、また、そういう位置にいればウィークタイズのネットワークによって価値を生みやす

図A

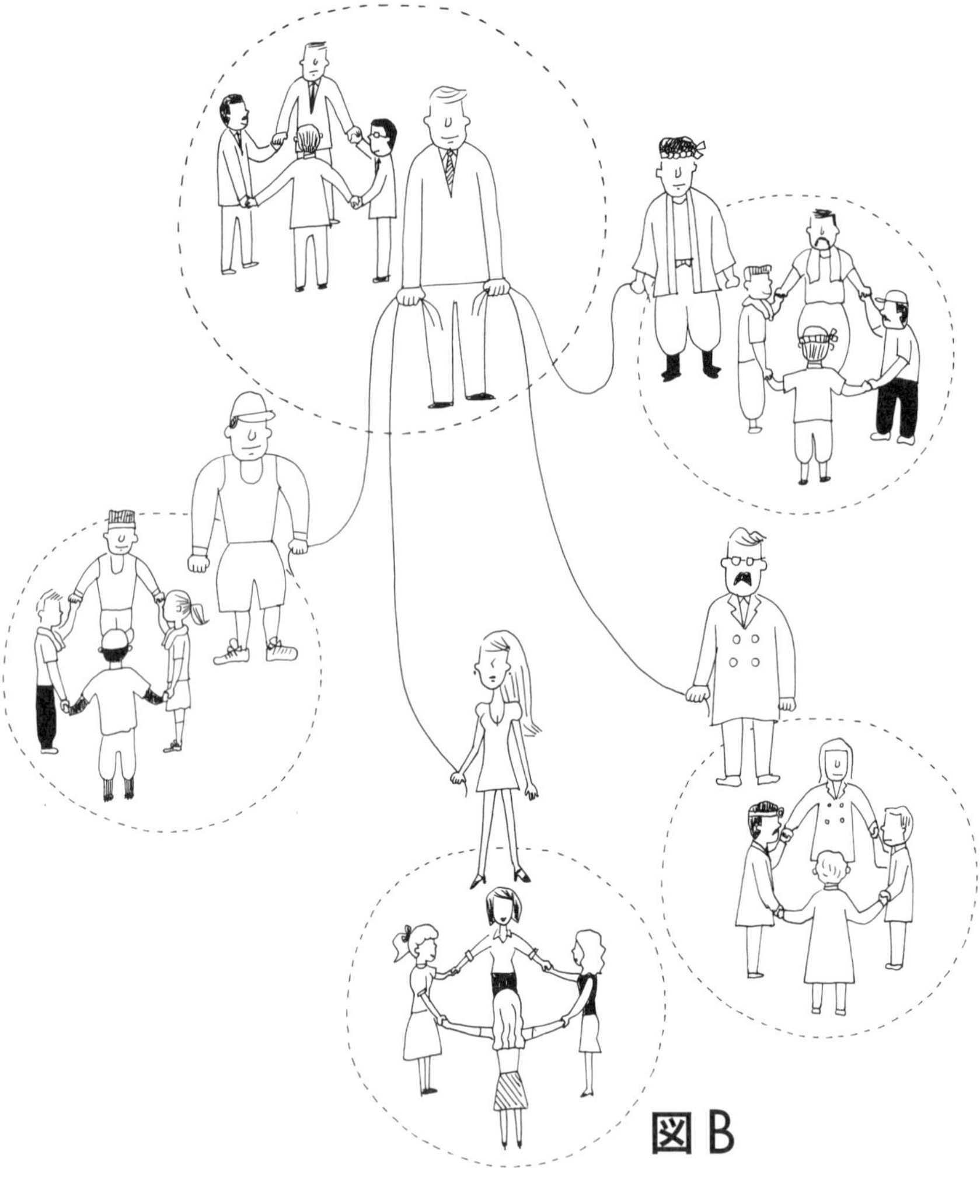

図B

くなる。ということは、A氏のようなさまざまな橋とつながっている存在がチームにいることは、イノベーションをおこすうえで、重要な意味を持っているのだ。

私の成功は、私のまわりの成功で決まる――ネットワークの効用

「ネットワークが大切と言うけれど、それが具体的に仕事にどう役立つの？」と疑問に思う人もいるかもしれない。たしかにいろんな人と知り合うだけでは意味がないし、ネットワークをつくることでもたらされるメリットがなければ、人付き合いに疲れるだけである。

私がエンジェル投資家になろうと思うようになったきっかけを作った人物がいる。その人と出会ったのは、マッキンゼーを辞めて日本交通の再建の仕事をしつつ、最初の投資先になるホットリンクを手伝いはじめたころだ。

じつはホットリンクに最初に出資してくれたのが、そのSさんという人物である。Sさんはまったく日本のメディアに登場しないが、80年代にアメリカに渡って投資で大きな成功をおさめた人物で、投資の世界では知る人ぞ知る存在となっている。昔、ある著名な日本のコンサルタントが、Sさんにどうしても会いたいと思い、あらゆる手を使ってコンタクトをとろうとし

たが、結局会うことができなかった、というぐらいめったに知らない人とは会わない人でもある。ホットリンクはたまたま幸運にもSさんに出資してもらえることになり、私も友人の内山幸樹とともにSさんと話をする機会を何度か得ることができた。

当時は私も20代。まだ若かったこともあり、ストレートにSさんに「なんであなたは成功することができたんですか？」と聞いてみた。するとSさんは「簡単な話だよ」と言った。

「私は20年前に、ある商社の営業マンとしてアメリカに渡ったんだが、渡米当初はまったく英語ができなかった。とにかく読めない、書けない、話せない、聞き取れない。それでも仕事をアメリカ人と進めていくしかない。

どうしようかと悩んでいたときに、『アメリカ人はギブ&テイクを重視する』という話を聞いてね。よし、それなら自分はギブしてギブしてギブしまくろう、と思ったんだ。ギブ&テイクではなくて、ギブ&ギブ&ギブ&ギブ、ギブの5乗をすることにした。しかもその相手をアメリカ人よりもむしろ、当時いっしょに働いていたインド人や中国人にギブするようにしたんだ。

その結果、しばらくすると、自分のまわりに私がかつて支援したことがある人たちが集まってきたんだよ。

彼らは『Sに助けてもらった』というつながりでお互いに交流するようになっていき、いつの間にかネットワークをつくるようになった。私が何かで困っていると、そのネットワークの誰かが勝手に助けてくれるようになり、それが結果的に自分に大きなテイクをもたらしてくれるようになったんだ」


私はS氏の話を聞いて、「なるほど、成功というのは、その人のまわりの人の成功によって決まるのだな」と感じた。そもそもひとつのギブに対して、すぐにテイク＝見返りを求めるのは愚かなことだ。人は何かの恩を受けたとしても、そのときすぐにお礼ができるタイミングではないこともある。でも困ったときに助けてもらったという記憶は鮮明に残るし、まわりの人にそれを話すこともあるだろう。

ギブ&テイクの関係を一回ごとに築こうとすることは意味がない。とにかくギブをしまくっていることで「ギブのネットワーク」がまわりに構築され、そのネットワークが大きくなり、情報や交流の流通量が高まれば高まるほど、もたらされるメリットも大きくなるに違いない。

Sさんはそう言いたかったのだろう。

私の知っている人に、このネットワークの効果を使って、ふつうの保険のセールスレディの何倍もの売り上げを立て続ける凄腕《すごうで》の女性がいる。彼女はさまざまな業界の中小企業を営業するうちに、「この会社の社長と、あの会社の社長を引き会わせたら、きっとお互いにとってよい影響があるんじゃないか」と考えるようになった。

そして実際に紹介してみると、そこで新たな仕事が生まれることが重なり、新規顧客を得ることができた社長からはたいへん感謝されるようになった。そして「お礼に、君の保険に会社で入ることにするよ」と社員や知人に彼女の保険を薦めてくれるようになったのだ。この紹介をもとにした営業手法により、彼女はあっという間にその会社でナンバーワンの営業成績をおさめるようになった。

お分かりだろうか。つまり彼女が売っているのは保険というコモディティ商品ではなく、彼女自身が築いた「人的なネットワーク」なのだ。コモディティ人材を抜け出したいのならば、彼女のように商品以外のところで違いを出すことを考えてみることが、きわめて有効なのである。

東日本大震災で生命の危機584人の透析患者を緊急搬送せよ

ウィークタイズは、ときに危機的な状況のなかで、多くの人々の生命を救うこともある。その実例を紹介しよう。

東京大学医科学研究所の上昌広《かみまさひろ》医師を中心に、東日本大震災の被災現場に直接飛び込み、多数の命を救った医療チームも、ウィークタイズによってつながった。

上医師は1968年生まれの内科医で、東京都内の病院の血液内科、国立がんセンターなどでの勤務を経て、現在は東京大学医科学研究所の特任教授である。血液・腫瘍内科学の内科医として勤務しながら、「現場からの医療改革」を目指し活動している。

医療関係者など、約5万人が購読するメールマガジン「MRIC」の編集長も務め、積極的に医療情報の公開・発信を行っており、マスメディアに登場することも多い人物だ。

2011年3月11日午後2時46分、東日本大震災が発生したとき、上医師は、埼玉県の病院で外来患者の診察をしていた。午後の診療を始めようと診察室に戻ったときに、経験したことのない大きな揺れを感じる。急いで家族や知人の安否を確認しようと電話をかけるが、何度かけてもつながらない。

ツイッターを見ると、宮城県沖に巨大な津波警報が出ているという。その時点で、未曾有の大惨事が日本におこっていることが分かった。レンタカーを借りて、猛烈な渋滞のなか、一晩かけて東京の自宅に帰宅すると、知人の医療ジャーナリストから連絡があった。その人物は震災がおきたあとすぐに被災地へ飛び、被災者のケアにあたっていたため現地でどれぐらい医療関係者の支援が待ち望まれているか、切実な事態を伝えた。

「今こそ、上さんのネットワークを使って、災害に立ち向かうべきだ」

上医師は、医療の専門家として自分がやれることをやろうと決意する。

そしてまっさきに取り組んだのが、福島県いわき市からの、人工透析患者の緊急搬送である。大震災で病院の機能が止まったときに、喫緊《きっきん》の問題のひとつとなるのが人工透析だ。「これは医者なら誰でも思いつく常識」と上医師は言う。

人工透析とは、腎不全の患者を対象に、血液を体外循環させ老廃物を濾過《ろか》、尿を排出する腎臓の機能を人工的に代替させる治療のことを言う。

慢性腎不全を患う患者は、週に3回程度の人工透析を続けなければ、体から老廃物を排泄できなくなり、尿毒症になって生命の危険に瀕するのだ。

いわき市の人口は34万人。東北では仙台の次に人口が多い。透析患者も市全体で約1000人が通院していた。だが地震によって、いわき市全体に断水が発生。透析には大量の水を使う。

透析患者にとっては、「水の切れ目が命の切れ目」となる。

震災前まで476人の患者の透析を行っていた「いわき泌尿器科病院」も水不足に陥り、県全体で650人以上の透析患者を一刻も早く県外の病院へ搬送しなければならなくなったのだ。

上医師とともにこの搬送プロジェクトに加わったある医師は、「大混乱している被災地から安全な地域まで患者を搬送するのは、『戦場での退却戦』に近い困難なものがあるだろう」と言ったという。

上医師はまず、友人の医師や、メディア関係者に相談してツテを辿《たど》り、被災地の透析患者の受け入れ先の病院を東京都内、新潟県、千葉県に確保した。

同時に、医療機関の幹部ならばほとんどの人が読んでいるという「メディファクス」というFAXニュースに、「被災地の患者受け入れ病院を探している」という記事を配信してもらう。そのニュースを読んだ大阪や福岡の病院関係者からも、「透析患者を受け入れる」という連絡が届いた。

だが、大きな壁として立ちはだかったのが、患者の搬送手段だ。当初は、福島県の行政に交通手段を用意してもらおうと交渉を続けたが、いわき市が原発事故が発生していた地域に隣接していても「いわき市は被曝地域ではない」という不可思議な理由でバスを用意することを断られてしまう(今考えれば、おそらくは透析患者の移送中に事故がおこった際に、責任問題が発生するリスクを恐れたのだろう)。上医師たちは、そのため自分たちで患者の搬送手段を確保せざるをえなくなった。

上医師は、知人、友人の有志のネットワークをフルに活用し、民間のバス会社が持つバスを確保できないか、思い当たる先に片っ端から連絡をとった。

震災直後、都内のバス会社のバスは被災地に出払っており、確保することは困難であるという噂が流れていた。実際、上医師がさまざまなルートで依頼しても、いわき市まで500人以上の患者を乗せるバスを出してくれる会社はなかった。後に分かったことだが、このとき現実にはツアーのキャンセルが相次ぎ、バスも運転手も余っていた。やはり原発事故の放射能汚染を恐れて、被災地へと向かうことを避けようとしたのではないかと考えられる。

事態を打開したのは、意外な〝つながり〟だった。上医師が虎の門病院、国立がんセンター中央病院で勤務していた際の教え子で、東京都立墨東病院に勤務していた濱木珠恵さんという医師が、都内の旅行会社に勤務する友人に相談したところ、バスが確保できたのである。

濱木医師とその友人は、「古文書《こもんじょ》研究の同好会」で知り合った関係だ。

バス会社にとって、もっとも重要な顧客は、ツアーを企画する旅行会社だ。上医師らの窮状を、旅行会社に勤める知人経由で知ったバス会社は、即座に30台のバスを手配してくれた。福島県庁や公的機関にいくら頼んでも動かなかった事態が、民間の人的ネットワークの力によって解決することができたのだ。

濱木医師はさらに、友人だった災害支援活動を行うNGOの理事のツテで、地元福島県いわき市にバス路線を展開する常磐交通の幹部ともつながり、上医師にその幹部を紹介してくれた。ところがさらに問題がおこる。常磐交通では、患者の移送には福島県の行政の許可が必要だろうと考えたため、県の担当者に問い合わせてみたところ「厚生労働省の許可がいる」という回答が返ってきたのだ。

上医師らが厚生労働省に連絡をとると、「先生たちの勝手な行動は、評判が悪い。正規のルートを通してほしい」「東北全体の患者を移送するシステムを作るほうが先。それができてから、透析患者もそれを利用すればいい」と言うのである。透析患者の移送は一刻を争う。そんな仕組みができるのを待っていたら、患者の命はどんどん失われてしまう。

上医師らは厚労省の官僚を動かすため、当時与党だった民主党の議員に協力してもらうことにした。議員から「民間の活動を官が邪魔してはいけない」と圧力をかけてもらうことで、ようやく事態が動いた。そのときの官僚の返答は「厚労省では聞かなかったことにしましょう」

というものだったそうだ。

上医師たちのチームは、地震発生から6日後の3月17日午前10時には、透析患者584人をいわき市から東京、新潟、千葉の各病院に搬送することに成功した。上医師はこのときの状況を記録した自著『復興は現場から動き出す』（東洋経済新報社刊）のなかで、

今から考えれば、この搬送は奇跡的だった。福島県の調査によれば、震災後、避難を余儀なくされた原発30キロ圏とその周囲の老健施設13カ所の入居者931名のうち、少なくとも206人が2012年1月1日までに死亡していた。これは2011年同時期の2倍である。避難中に死亡した患者もおり、長距離の移動や環境の激変が高齢者のストレスになったと考えられている。

と述べている。福島県の透析患者の緊急移送に上医師らが取り組まなかったとしたら、さらに多くの命が失われていたことは間違いないだろう。

上医師はこのプロジェクトの成功のポイントを、「行動する専門家を集めることができたこと」だと語る。

しかも行動する専門家は、それぞれに別の人脈のネットワークを持つ。今回、バスを用意で

きたのも、古文書研究会という意外なつながりが決定的なファクターとなった。

「『バスがなくて困っている』と叫んだときに、バス会社に強いパイプを持つツアーコンダクターの方と何人かの人間を介してつながることができた。それは偶然です。大災害のような緊急時にどんなものが必要になるか、事前に予測することはできません。自分が持っている『一次』のつながりでは必要なリソースを得られなくても、『知人の知人、そのまた知人』というようにつながりが二次、三次と広がっていくうち、目的達成への手がかりに到達できるんですね」

上医師らの透析患者の輸送という緊急を要するプロジェクトにおいて、古文書研究会という「ウィークタイズ」が決定的な役割を果たしたことは間違いない。だが注意が必要なのは、「弱いつながり」ではあっても、つながっている相手の「信頼性」がきちんと担保されていることがきわめて重要であるということだ。

大震災のような危機のときに、本当に役立つ人脈とは、それ以前の日常の交流を通じて信頼が蓄積されたネットワークだけだと上医師は言う。

「六本木ヒルズのワインパーティで見ず知らずの人が出会って名刺交換しただけのような人脈は、いざというときに機能しません。長い時間をかけて作られた、先人から受け継がれてきた人間関係の集積が、本物の人脈となるんです」

ネットワークの「棚卸し」

ネットワークを構築する前には、まず今の自分が持っているネットワークの「棚卸《たなおろ》し」をする必要があるだろう。

- 自分が頻繁に会っているのはどういう人か。
- たまにしか会わないけれど、自分にとって重要な人は誰か。
- どれほど多様なコミュニティに属しているか。
- 自分の近くにいる人で、別のコミュニティのハブとなってくれそうな人はいるか。

この4点を確認することで、今の自分のネットワークがどういう状態にあるか、理解することができる。その結果が望ましいものであれば、さらによい方向に伸ばしていけばいいし、

「変えなければならない」と思うのであれば、一刻も早く適正化する努力をすべきだ。先述したように、ネットワークは「自分がどういう人間か」で決まる。頻繁に会っている人が客観的に見てロクでもない人間であるとするならば、自分自身がロクでもない人間になっている可能性が高いのである。

どのような人を引き寄せるか、どんな人が自分に対して関心を抱くかは、その人自身の人生の反映であり、「まわりにロクなやつがいない」というのは、鏡に向かって悪口を言うのに等しい。自分の行動、態度を変えれば、まわりに集まってくる人も変わってくる。自分の置かれている環境は、少なからず自分が過去にしてきた意思決定の反映なのだ。

ふつうに会社に勤めている人であれば、頻繁に会うのは社内の同僚。たまに会うのは学生時代の友人。属しているコミュニティといえば、会社が入っている技術者の協会ぐらい。まわりにハブとなりそうな人は……、思い浮かばない。そんな人は珍しくないはずだ。

これまでの日本社会では、そういう狭いネットワークのなかでも、豊かに幸せに生きることができた。それは一度会社に入ってしまえば、会社というコミュニティが自分の人生の面倒を見てくれたからである。だがもういろんなところで言われているように、会社は終生社員の面倒を見てくれる組織ではなくなった。いつリストラにあうかも分からないし、産業構造の変化で、そもそも自分の会社どころか業界自体が消滅する可能性もゼロではない。いや、今後日本では、業界そのものがなくなる可能性のほうが、大きいだろう。

そういう時代に生きているわれわれにとって、「よそのネットワークとつながっておく」ということは、いざというときの「命綱」となるのである。

ネットワークの棚卸しをすることで分かるのが、すでに自分が持っている既存の仲間というのは、それまでの仲間の構築の結果、言い換えれば、「それまで生きてきた人生の反映」にほかならないということだ。

したがって、これまでがうまくいっていない人生だった場合、その既存の仲間の整理をせずに、ただやみくもに新しく仲間を増やしたとしても、人生のフレームワークは変わらないだろう。

金が欲しければ、金がたくさんあるところ、情報が欲しければ、情報がたくさんあるところ、賢明に生きる人になりたければ、賢明に生きている人の近くに行くべきである。ネットワークと環境がその人を規定するのだ。

今の自分が属する場所に問題があると感じているならば、「なぜ現状の仲間になってしまっているのか」「どこを改善すれば、既存の仲間以外の人とつながることができるのか」を考える必要があるだろう。

第2章のまとめ

★ありがちな「チームワーク」はただのなれ合いであり、高い目標を達成するためには、チームアプローチの5条件を意識せよ。

★ＳＮＳで、友だちの数を競ったり、ライン（メッセンジャーサービス）の既読に一喜一憂したり、居酒屋やシェアハウスで、愚痴を言い合ったり、そんな、「友だち」ごっこは、やめにしないか、人生の無駄遣いである。

★自分の人的ネットワークが自分を規定する。友人、仲間は選べ。学校と会社そして仕事と無関係な趣味のサークルこそネットワークのハブである。

★会社を選ぶときは、「ブートキャンプ」「見晴らしのよい場所」を意識しろ。

★自分のネットワークが弱いつながりによって多様性を確保しているか常にチェックせよ。

第3章 ビジョンをぶちあげろ、ストーリーを語れ

Give your vision,
and repeat your story.

「僕は危険な冒険なんか向いてないんだ。
指輪なんかに出会わなければ良かった。何で僕のところに。
なぜ僕が選ばれた？」
「そんなこと誰にもわからんよ」
ガンダルフはこたえた。
「他の人にない取り柄、力や知恵じゃ全く
ないこともわかってるだろう。
しかし、選ばれてしまったのだ。
だから持ってる限りの力と
勇気と知恵を使わないとだめなのだ」

'I am not made for perilous quests.
I wish I had never seen the Ring! Why did it come to me?
Why was I chosen?'
'Such questions cannot be answered.', said Gandalf.
'You may be sure that it was not for any merit that others do
not possess : not for power or wisdom, at any rate.
But you have been chosen, and you must therefore use such
strength and heart and wits as you have.'

『指輪物語～旅の仲間』第2章

成功するチームに必要な「冒険者＝ヒーローの神話スキーム」

成功を遂げたチームに共通するのは、そのスタート地点から目的の達成までが、ひとつの映画作品や優れた小説であるかのように、傍《はた》から見る人に感動を与えることだ。

分かりやすく喩《たと》えるならば、チームアプローチのキモは、ヒーローが活躍する「神話」のスキームにある。

映画『ロード・オブ・ザ・リング』の原作であり、発表されてから今日にいたるまで、その世界観を模倣する幾万ものファンタジー小説を生み出したJ・R・R・トールキンの『指輪物語』や、さらに時代を遡れば中世ヨーロッパの「アーサー王伝説」、古代ギリシア神話のペルセウスの冒険、日本で言うならば源義経と武蔵坊弁慶の伝説のような、ヒーローが仲間とともに強大な敵に立ち向かう物語は、チームというものの本質を我々に教えてくれる。

アメリカの神話学者であるジョゼフ・キャンベルは、『英雄と輪廻《りんね》』において、あらゆる神話は「出立」「イニシエーション」「帰還」の3つの要素からなると分析した。そしてさらにそれらを、次の8つの構成要素に分解し、「ヒーローズ・ジャーニー」（英雄の旅）と名付けた。

1 Calling（天命）

2 Commitment（旅の始まり）

3 Threshold（境界線）

4 Guardians（メンター）

5 Demon（悪魔）

6 Transformation（変容）

7 Complete the task（課題完了）

8 Return home（故郷へ帰る）

物語はたいてい次のように始まる。

1. Calling（天命）：主人公の上にある日、天からのミッションが降ってくる。

『指輪物語』でいえば、突然主人公のフロドのもとに魔力が秘められた指輪がやってきて、「そ

れを世界の果てに捨てに行く」という使命が与えられる）

2. Commitment（旅の始まり）：目的地はあまりに遠く、どうすれば行き着くことができるかも分からないが、主人公はともかく出立する。たいていの場合、主人公は最初は弱くて、何のスキルも持たない。

（『指輪物語』の主人公フロドはホビット族。体が小さくて戦闘が得意でなく、魔法も使えない存在である。『ハリー・ポッター』シリーズの主人公、ハリーも最初は叔母の家で虐待されながら育つ不遇な少年にすぎなかった）

3. Threshold（境界線）：主人公はそれでも運命に導かれるようにして旅を進める。そのなかで最初の関門が訪れる。主人公は「境界」を守るものとの戦いに挑み、それに打ち勝つなかで力を高めていく。

4. Guardians（メンター）：主人公に立ちはだかる障害、困難を乗り越えるための力を与える庇護者が現れる。老人や賢者の姿をとることが多い。

5. Demon（悪魔）：主人公の旅にとっての最大の難関であり、敵と遭遇する。命を賭けた戦いが行われる。

6. Transformation（変容）：主人公は困難を克服するプロセスを経て、旅に出る前とは決定的に変わる。少年であれば大人へと成長する。

7. Complete the task（課題完了）：変容したことによって新たな力を身につけた主人公は、旅の目的を達成する。

8. Return home（故郷へ帰る）：英雄となった主人公は、出立の場所へと帰還する。そしてまた新たな使命へと旅立つ。

ジョージ・ルーカス監督のSF映画の金字塔、『スター・ウォーズ』のシナリオがこの理論をそのまま使って書かれたのは有名な話である。

ハリウッド映画をはじめとして、世界中の人々に受け入れられている映画やドラマのストーリーのほとんどが、この神話の構成の影響を受けていると言っても過言ではない。

主人公が旅へと出立すると、やがて運命をともにする仲間が集まりはじめる。そして目的地への探索をするなかで、まわりの仲間や敵との関係性を通じて、主人公は自分への理解を深め、仲間とともに厳しい試練を乗り越えていく。そのプロセスを通じて主人公は自分がどんな秘められた力を持っているのか、発見していくのである。

最初のビジョンは大きいほどよい

ヒーローズ・ジャーニーにおける「天命」は、ビジネスの世界では「ビジョン」と呼ばれる。チームを通じてどんな目的を達成したいのか、どのように世界を変えたいのか、それがビジョンだ。

最初にチームが持っている問題意識は、抽象的で微妙に的外れであることも少なくない。「将来こうなったらいいな」というビジョンだけが先行し、「どうやってそれを達成するか」という「ソロバン」の計算は甘いことがほとんどだ。

だがそれでよいのである。ヒーローズ・ジャーニーの物語形式に多大な影響を受けている、『ドラゴンクエスト』のようなロールプレイングゲームにおいても、旅の始まりは常に「王様からの依頼」や「たまたま指輪を拾った」といった、外部からもたらされた偶然のきっかけであると相場が決まっている。いわば主人公は常に「巻き込まれる」かたちで冒険をスタートするわけである。

主人公が最初に掲げるチームのミッションやビジョンは、現状の自分たちからすると、いったいどうすればいいのか、どこに行けばいいのか検討がつかないぐらい「大き過ぎる」ものでちょうどよい。ふつうに考えれば実現不可能だが、もしかするとやれるかもしれない……ぎりぎりメンバー全員がそう思えるほど大きな目標が望ましいのだ。

なぜならば「容易に達成が可能と思われる小さな目標」は、容易なだけに誰でも思いつくし、すでに他のチームが掲げている可能性が高いからだ。安易な目標はチームメンバーの心を捉えない。また中途半端な人格者のところには、人は集まらない。外部の人間からの注目も集まらないだろう。

むしろ人は「でかすぎるビジョン」を掲げる、「穴だらけの人物」に注目する。

劉備玄徳は「一匹目のペンギン」

その典型的な例が「三国志」だ。あの物語をチームアプローチの視点から読み返してみるとじつに興味深い。

三国志の主人公、劉備玄徳《りゅうびげんとく》という人物は、物語が始まった時点では、そのへんにいるただの農民の青年にすぎない。何の家柄も資金もないし、自分では何もできない人である。

そんな農村の一青年が、「どうやら自分は漢王朝の末裔の遠い親戚らしい」というだけの理由で、「漢王朝を復興させることが自分の使命である」と壮大過ぎるビジョンをぶちあげるのである。客観的に考えれば、「あの人、ちょっとおかしいんじゃね？」と近所で噂されるような人物だ。

ところがその壮大なビジョンに共鳴して、初期メンバーとして関羽《かんう》と張飛《ちょうひ》、そして後には諸葛亮《しょかつりょう》孔明《こうめい》や趙雲《ちょううん》など、当時の中国国内でも最高レベルに優れた武将・ブレーンが集まってくる。彼らの力を得て一介の農民にすぎなかった劉備玄徳は、やがて広大な中国大陸を3つに分けた国のひとつ、蜀《しょく》の皇帝の地位にまで上り詰めていく。

劉備がもしも「漢を再興する」という遠大なビジョンではなく、当時地域を騒がせていた

「黄巾賊《こうきんぞく》を征伐する」ぐらいの、ショボくて誰もが思いつきそうで、ありがちな目標を掲げていたとしたら、関羽も張飛も仲間に加わっていなかっただろう。その結果、今も語り継がれる「三国志」の物語は生まれなかったに違いない。

劉備玄徳タイプのリーダーを、別の言葉で表現するならば、「一匹目のペンギン」と呼ぶことができるだろう。ペンギンは数十匹から数百匹の群れをつくって暮らしている。彼らは基本的に氷の上で生活しているが、食料の魚を取るためには、海に飛び込まねばならない。

ペンギンにとって海の中は、シャチやヒョウアザラシなどの天敵がいる危険な場所だ。だから無闇に海に飛び込むことはしない。かといって氷の上に居続ければ餓え死にしてしまう。そこで勇気を出して海に飛び込んだ一匹目のペンギンが、無事に餌をとることができるようだったら、他のペンギンも次々に続いて飛び込むという習性を持っている。

この身の危険を顧みず、勇気をもって冷たい海に飛び込む「一匹目のペンギン」のように、まったく新しい市場にリスクを背負って打って出る人のことを、英語圏では「ファースト・ペンギン」と呼んで賞賛する。

ところが実際には、海に飛び込んだ最初のペンギンは、別に勇気があったというわけではなく、単に足を滑らして海に落ちてしまっただけ、なんてことは珍しくない。あとに続くペンギンは「カン違い」して次々飛び込むハメになり、ときには天敵に食べられてしまうものもいるのだが、種全体の存続という視点で見れば、それでよいのである。

ビジネスの世界でも、会社をゼロから起こすという人は、世間の多くの人が従事するルーティンの仕事が勤まらない、軽率でそそっかしいタイプであることが多い。しかしそのような「おっちょこちょい」な人間が一人もいない社会では、新しいサービスや画期的な新製品、これまでになかった産業が生み出されることも、けっしてないのである。

教育改革で日本を変えるTFJの取り組み

ビジョンが人を惹きつけるという点で好例なのが、「ティーチフォージャパン」（TFJ）というNPOである。代表は松田悠介《ゆうすけ》氏という1983年生まれの若者が務める。彼が取り組んでいるのは、「日本の教育格差の解消」である。非常に優秀でやる気に満ち溢《あふ》れた若い熱血教師を、学級崩壊などの問題が多発している教育現場に送り込むことで、日本の教育の「底辺」に革命をもたらそうと試みている。

いじめや教師の体罰による自殺、生徒による校内暴力、子どもたちの学力低下など、ここ最近、ニュースで教育現場に関する問題を見ることがとても多くなっている。

かつて日本の教育システムは、世界でも格段に優れていると言われており、実際に各種の国際学力テストの結果もトップレベルにあった。ＯＥＣＤ（経済協力開発機構）が実施するＰＩＳＡと呼ばれる15歳の生徒を対象とした学力調査では、２０００年時点で参加32ヵ国中、日本は数学的リテラシーで1位、読解力で8位、科学的リテラシーで2位を誇った。

ところがこの10年ほどの間に、その地位はフィンランドをはじめとする北欧諸国、続々と発展していくアジアの新興国に追い抜かれていった。２００９年度の調査では、中国の上海が数学的リテラシー、読解力、科学的リテラシーのいずれの分野でも1位となったのに比べ、日本はそれぞれ9位、8位、5位と順位を下げている。この20年で中国は日本を抜きアメリカに次ぐ世界第2位の経済大国となったが、日本は経済だけでなく教育においてもすでに中国の後塵《こうじん》を拝しているのだ。

日本の「知識詰め込み型」の教育、そしてその反動の「ゆとり教育」（結局は、詰め込みのノルマが消えた教師が楽になっただけだった）の弊害が著しく出た結果である。現在の日本社会では、グローバルに活躍できるリーダーを育成することが求められているが、日本の教育界はそれにも対応できていない。

さらに問題なのは、富める家庭と貧しい家庭との間で、「教育格差」がたいへんな勢いで生まれつつあることだ。

経済的理由により就学が困難である家庭の子どもには、現在、行政から学用品などの購入費や、給食費などを援助してもらえる制度がある。その就学援助を受ける子どもの数は年々増加し、２０１０年文部科学省の調べでは、全国で１５５万人以上にものぼる。これは35人学級でいえば、クラスに5人以上の子どもが、自分の家庭の収入だけでは満足に学校生活を送ることができない状況にあることを意味する。

「貧しい家庭に育っても、努力して勉強すればそこから抜け出せるはずだ」というのは古き良き日本の話。今ではそれどころか、貧困家庭に育つ子どもには、努力できる土台となる環境そのものがないことが多い。食事すら満足に与えられなかったり、母子家庭のために長時間幼い兄弟姉妹の面倒を見なければならなかったり、親からの暴力で身体の安全すら確保できない子どもが数多くいる。そんななかで勉強の意欲が生まれるはずもない。

公立の学校の勉強だけで、塾にも通わずに一流の大学に進学できる子どもはまれだ。今学習に問題を抱える子どもたちは、高度な教育を受けることができないため、将来も低賃金の仕事に就かざるを得ず、貧困が再生産される可能性が大いにある。そうなれば生活保護費などの社会保障は現在以上に必要となり、この国はますます貧しくなっていくことになるだろう。つまり教育問題を改善することは、この国の将来を左右するほど大切な課題なのだ。

そもそも松田氏が教育問題に取り組むきっかけとなったのは、自分自身が中高一貫の男子校の中学時代に体験した「いじめ」だった。今では180センチを超える長身の松田氏だが、中学時代は体が小さく、140センチ、体重は40キロしかなかった。体の大きな柔道部の同級生が、そんな松田氏に目をつけ、休み時間になるたびに「プロレスごっこ」と称して暴力を振るうようになった。あるときには相手の指が目に入ってしまい、そのせいで松田氏の左目は今も視力が極端に悪い。またクビの頸椎にも損傷があるが、それも当時受けたバックドロップの後遺症だ。

そんな彼を変えたのが、ひとりの体育教師の存在だった。陸上部の顧問だったその教師は松田氏に、「なぜいじめられるのだろう？　どうすれば強くなれるのか、いっしょに考えよう」と声をかけてくれた。松田氏は中学生なりに一生懸命考えて、「身長が低いから」「筋肉がないから」「言い返さないから」と答えた。

先生はその答えを聞いて、「ではどうすれば身長を高くして、筋肉をつけて、言い返せるようになるか、考えてみようじゃないか」とアドバイスした。

松田氏はインターネットや図書館で、身長を伸ばす方法を調べまくった。牛乳を一日に2リットル飲み、睡眠時間を十分にとり、筋肉トレーニングに励んだ。先生はその様子を温かく見守ってくれた。

やがて松田氏の身長は毎月1センチほど伸びていき、高校3年になったときには180センチとなっていた。いじめも高等部に進学したときにはぱったりと止んでいた。高校で陸上部に入ることで、運動も得意になった。

このときのいじめの克服経験が、松田氏の人生を変えた。「言い返せない」という内向的な性格も、自分に自信を持つことで克服できていた。松田氏は「自分も将来、教師となって、同じように悩む子の力となり恩返ししたい」と思うようになった。目指すのは自分を救ってくれた恩師と同じ、体育教師だ。

松田氏は日本大学文理学部の体育学科に進み、大学では勉強とともに、バイトに明け暮れた。ピザチェーンのアルバイトでは、調理や接客、運転技術などの評価で「全国1位」の社内評価を受ける。それでさらに「努力すれば結果がついてくる」と自信を深めた。

将来、教師となったときの準備のために、大学3年のときには、地元のコーヒーショップで手作りの無料塾を始めた。対象にしたのは中学2年生。2年間教えて高校受験まで責任をもってつきあおうと決めた。だがこの無料塾の経験が、松田氏を驚かせることになる。集まった生徒8人全員が「ひとり親家庭」だったのだ。

始める前から無料ということで、勉強したくても塾代が払えない家庭の子どもが来るだろうとは予期していた。ところが実態は松田氏の想像を超えていた。彼らにはそもそも「勉強すれば未来が拓《ひら》ける」という発想自体がなかった。中学卒業後の目標もなければ、将来なりたい職業もない。無料塾に来たのも「親に行けと言われたから」というだけの理由だった。

だが彼ら、彼女らに根気強くつきあううちに、少しずつ子どもたちも変わっていった。花が好きな女の子には、「お花屋さんになるには、どうすればいいだろうね？」「お花屋さんに花を卸す店や、花を作っている農家で働く人もいるよ」と話しかける。しばらくすると彼女は自分で高校を調べ「都立の園芸高校に行きたいから、勉強を教えてほしい」と言うようになった。かつての自分がいじめを克服したときと同じように、会話を重ねるうちに、子どもたち自身が答えを自分で探して見つけていったのだ。

「子どもたちはやる気がないわけではない。はじめから勉強ができない子はひとりもいない。

先行きがわからないときに〝半歩先を照らしてくれる〟大人がいれば、子どもたちは自分で努力し、力を最大限に発揮しようとする」

その気づきが、松田氏が後に「ティーチフォージャパン」を立ち上げるときの教育観の基本となる。

松田氏は日大を卒業した後、母校の高校の教師となった。そこで2年間、体育の教師として勤務し、体育の授業を英語で行う「スポーツ・イングリッシュ」などの試みを行う。保健の授業も、退屈な教科書を読み上げるだけの授業ではなく、自ら新宿西口の検査所でHIVの検査を受けて、そのときの体験を話す。そういう生きた経験を話せば、授業で寝る生徒はいなくなる。授業中に生徒が歩き出したり、学級崩壊のような問題がおきてしまうのは、第一に教師側が生徒を惹きつける授業を提供できていないからではないかと思った。きちんと準備をして、「面白い脚本」を作って授業をすれば、生徒はついてくる。

だが公立学校の教師は、授業のほかにも事務作業や保護者の対応、職員会議、部活の顧問など種々雑多な仕事が山のようにある。忙しすぎて一つひとつの授業に入念な準備をする時間的余裕が、まったくないという現実も分かった。

2年間の教師経験を経て、松田氏は「もっと生徒ときちんと向き合いたいのに、日々の雑用に流されていく。理想の学校がないのならば、自分で作ればいい。そこで同じような問題意識を持つ仲間と、子どもたちの〝半歩先を照らす〟ような教育の場を作ろう」と思うようになった。

そのためには教育だけでなく、学校の経営や教員のマネジメントについて学ぶ必要がある。しかし調べてみると、日本の大学でそうした分野について教えているところはほとんどない。一方で、アメリカの大学院には学校経営について学べるコースがたくさんあった。

松田氏はそのなかでもトップ校であり、もっともカリキュラムが充実していたハーバード大学の教育大学院を目指すことにする。2007年5月、「体育教師がハーバード目指す遠き道のり」というタイトルでブログを書きはじめ、猛勉強を開始した。英語の勉強には非常に苦労し、食費を1日100円に切り詰めて高い学費の英語専門の予備校に通った。それでもハーバードに入学するために課されたTOEFLの点数をクリアすることはできなかったが、松田氏が熱を込めて書いた「この大学院に入って何をやりたいのか」という論文が採用担当の心を動かし、みごとに合格を勝ち取る。

高校を退職した松田氏は、ハーバード教育大学院入学までの半年間、ブログを見ていた人からの紹介で、短期間だが千葉県市川市の教育委員会で働く。後にこのときの教育委員会での勤務経験が、ＴＦＪの取り組みを広げていくことに大いに役立つことになる。

グーグル、アップル、ディズニーを抑えて人気第1位の就職先

２００８年秋、松田氏はアメリカ・ボストンにあるハーバードのキャンパスに入学。そこで出会ったのが、ＴＦＪの母体となるティーチ・フォー・アメリカ（以下ＴＦＡ）の代表を務めるウェンディ・コップだった。

ＴＦＡはアメリカで今もっとも成功しているＮＰＯと言われている。２０１０年の全米就職人気ランキング（人文学系）では、グーグル、アップル、ディズニーといった人気の大企業を抑えて、１位に輝いている。ＮＰＯゆえに給料は高くないが、高額な報酬が得られる投資銀行やコンサルティング会社に合格しても、ＴＦＡに入ることを選ぶ学生は少なくない。

なぜそこまでＴＦＡは学生たちの支持を集めるのか。松田氏はＴＦＡについて調べていくうちに、「自分が探していた教育システムがここにある」と衝撃を受けることになる。

ＴＦＡはハーバードやスタンフォードなど、アメリカのトップレベルの大学の卒業生を厳しい選抜試験のうえで教員として採用し、６週間の泊まり込みの研修を行ってから、彼らをスラ

ム街などにある教育困難校に送り込む活動を行っている。その目的は、「最高に優秀なリーダーたちを教育現場に送り込むことで、子どもたちに決定的な変化をおこす」ことだ。

TFAの教師たちは2年間、自らがリーダーとなって子どもたちと向き合い、彼らの学習への意欲を駆り立てようと懸命に努力する。その結果、驚くべき変化が数々の貧困地域でおこった。それまで字も書けないような学力だった子どもたちが、めきめきと学力を向上させていき、ある中学校ではTFAから3～4人の先生が派遣されて、それまで2割だった進級率が、9割にまで上昇した。ほとんどの生徒が義務教育のみで終えていた地区からは、高校、大学に進学する生徒が続出した。

TFAのモデルが優れているのは、子どもたちの教育によい影響を与えるというだけに留まらない。アメリカの超優秀な大学を出て、ワシントンで政府の中枢や、金融、ITのトップクラスの企業で働けるポテンシャルを持つ若者が、2年間という期間限定で「動物園」のような状態にある子どもたちのなかに放り込まれる。そして彼らと全力で向き合い、引っ張っていくのである。

そんな問題を抱えた子どもたちをよい方向に導いた経験を持つ人は、社会のどんな場所に行ってもリーダーとして通用する。そのためTFAは、グーグルやディズニーのような有名企業を抑えて、もっとも学生たちの間で人気の就職先となっているのである。

松田氏は留学していたハーバードでＴＦＡ創立者、ウェンディ・コップの講演を聞いて、「この教育モデルは日本に絶対に必要だ」と確信する。そして帰国後、外資系のコンサルタント会社、プライスウォーターハウスクーパースで人材戦略の仕事に従事し、組織の経営について学んだあとで、いよいよティーチフォージャパンを立ち上げたのである。

松田氏は、これまでの日本では教育現場が真に求めている人材と、現実に教員採用試験を受けて教師となる人の間で、「ミスマッチ」がおこっていたと考える。

「もちろん子どもたちの教育に対して情熱を燃やしている人もたくさんいます。ほとんどの教師がそうです。しかし残念なことに『公務員として身分と給料が保証されているから』『民間の企業の採用試験をパスするのはたいへんだから』という消極的な理由で教職をとる人が少なくないのも事実です」

たしかに近年たびたび報じられる学校教師の不祥事を見ていると「本来、教師になるべきでなかった人」が教育を仕事にしてしまったことが、そもそもの間違いだったと感じることも少なくない。

松田氏は、教育委員会とも連携して、民間の企業で働いたあとで公立学校の教師になれるキャリアの道を作ろうともしている。

「これまでの日本の教育は、工業化する社会のなかで、決められたモノを決められた手順で作るのに最適なスキルをもった人を生み出すためのものでした。しかしもはやそれでは、日本が立ちいかなくなることは目に見えています。これからの教育は、21世紀の世界を生き残る力を与えてあげることを目的として、それができるクリエイティビティとリーダーシップを持つ人を教師にしなければいけない」と松田氏は言う。

松田氏の試みはまだ始まったばかりだが、彼の理念に共感する仲間が続々と集まりはじめている。高給の弁護士事務所を辞めて立ち上げに加わったスタッフもいれば、コンサルティングファームの3年間の休暇制度を使って仕事を手伝ってくれる人もいる。東大の大学院を出て、国家公務員一種の試験に合格しながら、キャリア官僚の道を捨てて専従スタッフとして加わった青年もいる。

2013年4月には初めてのティーチフォージャパンの教師たちが日本国内の教育困難校に送り込まれた。彼の描いた「教育を通じて、ひとりでも多くの子どもたちが希望と夢を持てる世の中にする」というビジョンの実現はこれからだ。

ビジョン策定のポイント

ビジョンを作るうえでもっとも大切なことは、「でかすぎる絵を描くこと」であると述べた。第2章で紹介した東大の学生、上田渉が作ったオーディオブックの会社、オトバンクの場合であれば、最初に掲げたビジョンは「出版文化の復興、究極のバリアフリー、聞き入る文化を作る」というものだった。

冷静に考えれば、「長らく不況が続く出版文化の復興」などという言葉を、ただの一学生が100年以上の歴史がある老舗の出版社の役員に語ったところで、相手にされないのが当然である。そもそも「復興させる」などと業界の現状をはなからネガティブにとらえていることも失礼千万な話ではある。だがあえてその大きすぎる目標を、いの一番に掲げたことに意味があった。

「本気で出版業界の未来を考えている人であるならば、たとえ自分よりもずっと歳下の若者の言葉であろうと、何かしらのヒントがあるのではないかと耳を傾けてくれるはずだ」

上田はそう考え、自分たちのオーディオブックの取り組みは出版文化を復興させると本気で信じた。そして、驚いたことに上田のそのビジョンに対する「本気さ」は、けっして多くはないが真剣に耳を傾けてくれた出版業界の人々にも伝わり、後に交渉が前に進む原動力となった。
「究極のバリアフリー」というのは、オーディオブックをもっとも必要とするだろう顧客が、視覚障害者だったことからビジョンに掲げられた。それまでも視覚障害者向けに本を朗読したテープなどが存在しないわけではなかった。しかしその市場はあまりにも小さく、新刊を音声化してもビジネスとしては成立しないと思われていたため、著作権切れの古い本ぐらいしか音声で聞くことはできなかったのである。

しかし上田は、「著作権が切れたパブリックドメインのような古い本ばかりではなく、健常者が楽しんで読んでいる最新のベストセラー小説が音声コンテンツになれば、それは必ずビジネスとして成立するし、視覚障害者にとってもいちばんのバリアフリーになる」と考えた。実際、後に多くのベストセラーが音声コンテンツ化されると、「紙の本は読む時間がとれないが、音声ならば通勤途中に聞くことができる」という新たな読者の市場を作り出すことができた。

3つ目の「聞き入る文化を作る」という言葉には、日本の情報摂取の文化を変えたいという思いが込められている。テレビを筆頭に、インターネットも新聞も本も、目を使って情報を取り入れるメディアである。町を歩けばあちこちに看板やポスターがあったり、電車に乗れば中吊り広告が嫌でも目に飛び込んでくる。

日本人は、目から入ってくる情報にあまりに慣れ親しみ、受動的になってしまっているのではないか。そのカウンターカルチャーとして、静かに音に耳を澄ませ、「聞き入る文化」を作る必要があるのではないかという思いがあった。

じつは上田は、受験勉強をしていたときに、参考書を目で見て「読む」のではなく、自分でテープに吹き込んで音声を「聞く」ことで教科書の内容を覚えていた。その結果、偏差値30から学力を上げみごと東京大学に合格する。近年の研究では、人間の脳は目で見るより、音で聞いたほうが記憶の定着率が高いことが分かっている。

歴史を振り返れば、人間は本来、もっと耳を使っていた。アイヌの「ユーカラ」や、「平家物語」などの口承文学はもちろん、音楽も音符の発明以前は耳によって何百年もの間、受け継がれてきた。「聞いて学ぶ」文化を広めることには非常に大きな意義があると考えたのだ。

この3つのビジョンに基づいてオトバンクは事業を今も継続している。ところが現実には、ビジョンの実現を一直線に目指すことができたわけではまったくなかった。

上田は当初、NPO法人としてオーディオブックの事業に取り組もうとしていた。いろんな出版社に「出版物を音声コンテンツ化してみませんか」と回ってみたのだが、ほとんど話を聞いてもらえない。出版業界では1980年代に新潮社がカセットブックでオーディオブックに挑んだものの失敗していた。だから「学生の団体が手がけたところでうまくいくわけがない」と考えられていたのだ。

そこで上田は方針を変える。2004年に組織をNPO法人から株式会社化して、自分たちを「インターネットとデジタルコンテンツに詳しい若者たち」という「ラベル」で出版業界に売り込んでいくことにした。

ちょうどそのころ、日本でも2000年から事業を開始していた世界最大のネット通販企業のAmazonの書籍販売額が、出版社にとっても無視できない水準に大きく伸びはじめていた(Amazonは書籍のみの販売金額を非公表のため、正確な数値は不明)。

その流れを受けて、日本の各出版社も自社の本をネットで売る取り組みに本腰を入れはじめる。ところが古色蒼然とした業界のため、多くの出版社の社内にはネットに詳しい人間がいない。

そこで上田は「僕たちはネットマーケティングについて最新の動向を知っています」と出版社に営業をかけていった。出版社からすれば、面倒くさくてよく分からないネットプロモーションを自分たちに代わってやってくれるというのだから、渡りに船である。

オトバンクは、各出版社から新刊のプロモーションサイトを構築する仕事などを受注していった。そうやって出版界にネットワークを築いていきながら、「うちの会社は、ネットマーケティングだけでなくて、音声コンテンツを扱うのが得意なんですよ。何か音声がらみの仕事が発生したらお声かけください」と売り込みを続けた。

2007年1月にオトバンクは「FeBe《フィービー》」というオーディオブックのポータルサイトを立ち上げる。ようやくその時点でオーディオブックの事業をスタートすることができたのだ。準備からそこにいたるまでには3年以上の歳月が必要だった。

オトバンクは出版界での信用を積み上げていきながら、著作権の獲得を一冊ずつ交渉していき、数千冊ものベストセラーを音声コンテンツ化することに成功。複雑な出版物の著作権交渉でそれだけの実績を積んだ会社がほかにないことから、今ではオーディオブックに限定されず、電子出版ビジネスの分野でも出版業界のイノベーター的事業者として見られつつある。

このオトバンクの事例を見ても分かるように、最初に「でかすぎる絵を描いてみる」ことで、その実現に向けて努力していくうちに、回り道をしているようでありながらじょじょにビジョンが現実のものとなっていくのである。

「ぶちあげる」ことの持つ力

最初に掲げるビジョンは大きければ大きいほどよい。と同時に、それは多くの人が共感できる普遍的なものでなければならない。そのビジョンを常にチームの全員が念頭に置いて行動しなければならないし、簡単に変えるのはもってのほかだ。

ロールプレイングゲームで言うならば、最初に「魔王を倒す」という目的で旅立ったならば、その目的は最後には必ず達成されるべきである。主人公が最初に掲げたビジョンを忘れてしまって、魔王がそのまま世界を支配し続けたとしたら、物語が成立しないし、誰もそんなストーリーには感動しない。

だが、最終的なビジョンはゆるがせにはできないとしても、途中途中の「目的地」はどんどん変えてよい。たとえば「魔王を倒すには聖なる剣が必要」→「その剣を抜くことができるのは魔力の指輪を持つものだけ」→「指輪のありかを知っているのは黒い森に住む魔導師」→「その魔導師に会いに行く」というように、人を惹きつける物語はクライマックスにいたるまでにさまざまな関門や障害が待ち構えている。読者は主人公に襲いかかるさまざまな危険や困難にハラハラし、予想もつかない展開があるほど夢中になるのである。

現実のチームも同様だ。達成したい最終目標は決まっているとしても、途中の目標はがんがん変えて構わない。むしろそうしてさまざまな「寄り道」を経ることによって、外部や協力者からのフィードバックを得ることができる。その途上で「当初の目的」からより深化した「真の目的」が発見されて、最終的なビジョンに近づいていくことができるのである。

成功した企業の歴史を調べてみても、だいたい会社を始めたときの事業テーマと、後に大成功をもたらすことになった事業テーマは、まったく違うことが珍しくない。経営者の多くは過去の失敗事業について語りたがらず、あたかも現在うまくいっている事業をはなから戦略的に構築したかのように見せたがるが、そんなケースはほとんどありえないのが実情だ。

近年の会社でいえば携帯のソーシャルゲームで大成功した「グリー」はもともとmixiのようなコミュニティサービスがメインの会社であり、同じくDeNAという会社もアメリカのオークションサイトをマネしたネットサービスでスタートしている。

大企業の有名な例で言えば、ホンダがアメリカのバイク市場に参入して成功した事例はビジネススクールの教科書では次のように語られている。

「それまでアメリカのバイク市場は、ハーレーダビッドソンが独占していた。同社のバイクは趣味性が高く、オートバイを愛する男たちに熱烈な支持を受けていた。その市場に乗り込むにあたり、ホンダは同じ土俵で闘うのではなくて、〝気軽に乗れる機能性の高い実用的な乗り物〟として自社のバイクを位置づけることにした。そのリポジショニング戦略がうまく行って、ハーレーほかのアメリカンバイクのメーカーの市場を大幅に奪ったのである」

ところが実際の話はだいぶ違ったようだ。リチャード・パスカルというスタンフォード大学のビジネススクールで教える教授が、当時ホンダの北米進出を担った関係者にインタビューしたところ、その人物は「戦略なんかはまったくありませんでしたよ」と言ったのである。

ホンダは当初、ハーレーに対抗して大型バイクを北米で売ろうと考えていたのだが、1ヵ月で数台しか売れない。バイクのディーラーにもまったく相手にされず困り果てていたところ、たまたま外回りで訪れたショッピングセンターの「シアーズ」の担当者が、ホンダの営業マンが乗っていたスーパーカブを見て、「そっちの小さいバイクだったら売ってもいいよ」ともちかけたのだ。

数年後、ホンダはアメリカ市場を席巻することになるのだが、そのきっかけをもたらしたのは正規のバイクディーラーではなくスーパーの担当者であり、商品もアメリカ人に売れるとは思っていなかった小型バイクだったのである。

そもそも「世界のホンダ」の始まりは、浜松で小さな自転車屋を営んでいた本田宗一郎が、旧陸軍から流れてきた無線の発電機に使われていたエンジンを、自転車に取り付けて販売したところから始まる。そのスタートからして、世界の主要バイクメーカーが見向きもしなかった小型バイクを作っていたのだ。

吹けば飛ぶような零細の自転車屋の経営者だった本田は、創業の6年後の1954年に、世界最高峰のオートバイレースの舞台である「マン島TTレース」の出場を決め、全従業員に向かってこう宣言した。

「私の幼き頃よりの夢は、自分で製作した自動車で、全世界の自動車競争の覇者となることであった。このレースにはいまだかつて国産車で日本人が出場したことはない。本田技研の全力を結集して栄冠を勝ちとろう！　本田技研の将来は諸君の双肩にある」

7年後、本田たちが作ったオートバイは、マン島レースの125ccと250ccのクラスで1位から5位までを独占する。これこそが「ぶちあげること」の持つ力である。

ヒーローズ・ジャーニーの主人公は、たいてい最初はなにもできない。彼にあるのは冒険に乗り出す「意思」と、波瀾万丈の「運命」だけだ。だが旅を続けるなかで、同行する仲間とともに困難に立ち向かううちに、それぞれの「立ち位置」が決まり、試練や困難を乗り越えることで新たなスキルを得て、勇者としてのポジションを確立していくのである。

現代のビジネスにおけるチームアプローチも同じである。リーダーがビジョンを示し、それに賛同して集まった仲間とともに事業を継続していくなかで、自然と自分のポジションが決まっていく。自分は「探す」ものではなく、周囲との関係で決まっていくのである。

「自分はこんなところで働き続けていいのか」「本当に自分が夢中になれる仕事はどこにあるのか」などと「自分探し」をしているヒマがあるならば、たとえ夢物語のような目標と周囲にバカにされようとも、大きなビジョンを掲げてそれに向かって進みはじめるほうが、ずっと現実の自分を成長させるのである。

第3章のまとめ

★強いチームをつくるには、冒険者となって、ビジョンとストーリーを語れ。ビジョンを作るうえでもっとも大切なことは、「でかすぎる絵を描くこと」。勇気を持って、ぶちあげろ。

第4章

よき仲間との出会いのために

Maintain close relations with your good friends.

「次に舞踏会があるときには、
他の人が私に申し込む前に申し込みなさい。
最後の手段っていうことじゃなくてね!」

'Next time there's the ball,
ask me before someone else does,
and not as a last resort!'

『ハリー・ポッターと炎のゴブレット』

倒産寸前のタクシー会社・運転手の言葉に感動した

「よいチーム」をつくるための仲間はどのように集めればよいのだろうか。まずは私がマッキンゼーを辞めてから取り組んだ、日本交通という大手タクシー会社の再建の仕事について語ることにしよう。

同社の三代目社長を務めることになった川鍋一朗氏とマッキンゼー時代に同僚だったことから、当時1900億円もの負債があった日本交通の再建を手伝うことになったのだが、その頃はちょうどITバブルの絶頂期。マッキンゼーを辞めた社員の多くは、新興のIT企業や投資会社に華々しく転職していった。

そんなときになぜタクシー会社などという旧態依然とした業界にわざわざ飛び込んだのか？　とよく不思議がられたものである。私の転職はマッキンゼーの同僚だけでなく、日本交通に勤める社員たちにとっても理解するのが難しいものだった。

「あの瀧本という若い役員は、なんでマッキンゼーとかいうえらく給料の高い会社を辞めて、わざわざうちみたいな潰れそうなタクシー会社に来たんだ？」と最初のうち不審な目で見られていたのである。そのためなぜ私が日本交通に来たのか、彼らに自分の本当の気持ちを説明する必要が出てきたのだ。私は赴任早々のあいさつで次のように述べた。

マッキンゼーにいた頃は、連日のように仕事が終電過ぎまで続いていたので、私は毎日タクシーに乗って帰宅していました。クライアントのところに行くのにもタクシーを使うことが多く、かなりのヘビーユーザーだったのですが、正直な話を言うと、あるときまで日本交通の車にはほとんど乗りませんでした。その理由は、業界最大手ということで態度が悪いイメージもあったし、個人タクシーの自動車のほうがグレードが高くて、乗車しても快適であることが多かったからです。

ところがあるとき、タクシーを呼ぼうとしたら、いつも使っている個人タクシー組合の車が出払ってしまっていました。仕方なく日本交通のタクシーを呼んだところ、すごく丁寧な運転手の方で、「こんな遅い時間ですから、どうぞお休みになってください。目的地に着きましたらお知らせいたします」と言ってくれたんです。

僕はその言葉に嬉しくなり、運転手さんに「ありがとうございます。タクシーに乗ってそう言ってもらったのは初めてです。日本交通では他の運転手さんもみんなそんなふうに声をかけているんですか?」と尋ねました。するとその人は、「いえ、私が勝手にやっていることです。日本交通は業界ナンバーワンの会社ですから、運転手もそれにふさわしいサービスをしないといけませんからね」と答えました。

それを聞いて私は「このブランドは一夜では作れない」と感じました。今では多くの負債を背負ってしまいましたが、運転手さんが「自分たちはタクシー業界のナンバーワン企業である」と信じて、努力している姿を目の当たりにし、こういう会社ならば必ず再建できると思ったんです。

ですから私は、数年前に出会ったあの運転手さんが思い描いていたような、「本来の日本交通」を取り戻す手伝いをしたい、と思ってこの会社にやってきました。日本交通が本当の姿を取り戻したとき、私はこの会社からいなくなります。それまで皆さん、どうぞご協力をお願いいたします。


私の話を、運転手やスタッフなど、その場にいた多くの人は静かにじっと聞き入ってくれていた。このスピーチの後、「業界の常識も知らない三代目オーナーが連れてきた、やたら早口の感じの悪い兄ちゃん」というイメージが、一日にして変わり、「この人が言うようにすれば、日本交通は変わるかもしれない」と思ってくれるようになったのである。

「ゲーム」が変われば「働き方」も変わる

私が経営の立て直しに参画したタクシー会社の日本交通では、ずっと財務畑を歩んできた叩き上げの人が、経営改革にともなって採用プロジェクトチームの主要メンバーになったことがあった。当時、小泉政権のもとで進められた規制緩和の一環で、タクシー会社が保有する自動車の数が自由化された。そのため日本交通をはじめほとんどのタクシー会社が売上増加を目指して自動車を増やしたのだが、そうなると次に大きな課題になるのが運転手の確保である。自動車を増やすことは資金があれば簡単にできるが、よいサービスを提供できる乗務員候補者を採用するのは簡単なことではない。日本交通でも会社を再建するにあたって、優れた運転手を採用することが、もっとも重要なミッションとなったのだ。

ところが新たに採用チームのメンバーとなったこの社員は、ずっと経理畑で働いてきたので、採用業務をやったことがなかった。当然、よい人材がどうすれば集められるのか、リクルーティングの知識も経験も持っていなかった。しかし彼がそこで結果を出さなければ、近い将来に会社自体がなくなるか、それ以前に自分がリストラの候補となってしまう可能性もある。何とかして会社を生き残らせ、自分も会社に残るためには、「自分以外の誰にも生み出せない価値」を生まねばならない。

そこで彼は、「採用広告を打ったあとに、どれだけよい人材が集まったか、媒体ごとの効果測定や定量分析ならば自分はできます」と名乗りを上げた。彼は自分が得意とする、データの分析や数字管理のスキルを採用活動に活かすことを思いつき、そうすることでチームのなかで「自分だけしかできない意味ある仕事」を見出し、生き残ったのである。

このように高い目標を持ち、まったく新しいメンバーが集められたチームでは、「全員が未経験」が前提となるため、そのなかでどうやって自分を差別化するかが重要になるのだ。

日本交通の再建は結果的に、非常にうまく問題解決ができたプロジェクトとなったが、この事例のように、チームのメンバーがそのプロジェクトに必要なスキルを保有しているかどうか、事後的にしかわからないことはよくある。

このタクシー会社の立て直し当初はなおさらだった。それまでタクシー業界は強い規制下にある産業で、業務内容も多くの会社で似通っており、一種〝テンプレート化〟されていた。それは好景気の時代に形作られた慣習によって、定型的に業務を行っていても、それなりに高い成果をあげることができたからだ。

だが不況の大きな波が押し寄せるなか、規制が撤廃されて、タクシー業界を支配していた「ゲーム」のルールは大きく変わった。ライバル企業との競争が激化し、これまでの〝業務テンプレート〟がいっさい役立たなくなり、ぬるま湯のような働き方は通用しなくなったのだ。そのような状況でチームに残ることができるメンバーは、新しい状況下でどのように動けばよいのか、また、そもそもどんなスキルセットが必要となるのか、自分で考えて判断できるものに限られる。

不確実な状況ではどんなスキルが必要になるかもわからないし、そもそも全員が未経験者であるわけだから、その場で自分がやってみて、経験者になるしかないのである。

アルマゲドン・メソッド

前項であげた経理担当者は新たなチームのなかで自分のポジションを見出した。だが、そのような「自分の人生がかかっている状況」において、コミットメント（賭けに参加して結果に責任を持つこと）ができるかどうかは、じつは各人の人生観に依拠している。そのため、リーダーがメンバーに判断を強制することはできない。参加メンバーには、「船に乗るか、降りるか」を選択する権利を与えなければならない。

日本交通の再建のときに、ある収益改善プロジェクトに参加するメンバーを選ぶときに、

「アルマゲドン・テスト」を行ったことがある。

メンバーに対して私は、あるハイリスクな収益改善プロジェクトを実行する必要性と、それを本気で取り組めるメンバーを募集しているという説明をした。その後で、映画『アルマゲドン』を例に、どのような人生を選ぶか、チームメンバーの候補に問うたのである。『アルマゲドン』は地球に小惑星が衝突し、地球滅亡の危機に陥ったときに、7人の命知らずのメンバーが宇宙船に乗ってその小惑星を爆破しに行くという無謀な救出プロジェクトを描いた映画である。

そのストーリーに基づき、私は以下のような話をした。

「われわれの算定によれば、今の状況を放置すれば、遠からずして、日本交通は破綻するでしょう。だから、このプロジェクトを成功させて、収益を改善するほかない。この状況を前にどう考えるかはそれぞれの人生観です。

ある人は、この試算は間違っていると考え、現実逃避するかもしれません。ある人は奇跡が起こることを願い祈るかもしれない。またある人は、きっと別の誰かが解決してくれるだろうと、他人に頼るでしょう。しかし、このような重要な局面で、『自分の人生を他人任せにはできない』、『成功するかどうかは不確実でも、自分自身の人生、運命は自分で切り開いていく』

と考える人もいるでしょう。
このプロジェクトには、そういうメンバーだけに参加してほしい。これは任意参加であるし、負担の重いプロジェクトだから参加するかどうかは、即断せずに家族や上司と相談して2週間後に考えを聞かせてください」

私が話を終えると、聞いていたスタッフはその場で、「ぜひやりたい」派と、「少し考えさせてほしい」派に二分された。しかし、私は「ぜひやりたい」派にも、最終決断するのは2週間後にしてほしいと伝えた。

2週間後どうなったと思うだろうか？

じつは、ぜひやりたいと言った人に限って辞退してきて、「しばらく考えたい」とその場では述べた慎重派のほうが、プロジェクトに志願してきたのである。なぜそうなったのだろうか。

前者のあっさりと「やります！」と手を挙げた人は、「重要なプロジェクトだからここはサラリーマン処世術的に、前向きに回答しておこう」と考えたからだ。ところが実際に時間を与えられて、よくよく検討してみると、自分には荷が重いし面倒臭い。だから後になると、恐れをなして辞退する。

それに対して「本当に会社を救いたい」と思っていたメンバーは、そのプロジェクトに可能性があるか、自分がその任に堪えうるか、家族など大切な人たちの理解を得られるかと、真剣に考えていた。だから決断するのに時間を必要としたのである。

全員が未経験のなかで自分のポジションを見出す

「全員が未経験だから、やってみなければ分からない」

これはあらゆるベンチャー企業のスタート時点も同じである。私が役員を務めるオーディオブックのオトバンクという会社の場合は、そもそもそれまで日本に「オーディオブックの市場」というものが存在しなかった。

だから「本の朗読を誰にしてもらうか」という、売り物であるオーディオブックを作るうえで、もっとも基本となることすらも、最初はどうすればいいのか誰にも分からなかった。

プロの声優さんか、ナレーターのような人か、それともアナウンス学校の卒業生か。私たちはいろんな人に来てもらって、本を朗読してもらうテストを繰り返した。結果的に向いていたのは、声優として活躍している人ではなかった。

声優としての仕事は今ひとつのキャリアであっても、「本の朗読」には向いている人々というのがいたのだ。

彼ら、彼女たちは既存の「声優市場」では自分たちのことを「売れ筋の商品」に仕立てあげることはできなかった。しかし新たに生まれた「朗読市場」では商品化に成功したわけである。さらには、朗読市場での実績によって、声優市場でも注目され、やがてスターになっていくものまで出てきたのだ。

また声優のなかには、朗読の技術もイマイチだったことから、自分がディレクター役となることでチームのなかで役割を果たすことを選ぶ人もいた。自分自身が朗読のプレイヤーとはならなくても、人員やスタジオの時間の調整をする仕事や作品にあった朗読をさせるためのディレクションなどをすることにしたわけだ。その人は自分自身が一流の声優になりたかっただけに、朗読にはどのような機材が必要で、どんな準備がいるか知り抜いており、じつに細やかに調整をしてくれることになった。

このように不確実な状況のなかでは、自分でいかに必要な仕事を見つけるかが大切となる。その逆に、「あの人はすごいらしい」と鳴り物入りでチームに入ってきた人でも、自分のポジションが見つけられなければ去っていく、ということはベンチャー企業では本当によくある。

ある意味それは、プロの野球チームやJリーグのサッカーチームに所属する選手と同じだ。ピッチャーとしての活躍を期待されて入ったのに、今ひとつ伸び悩んだ選手が、今度はバッターとして生き残る道を探すため、外野手にコンバートされる。プロの世界で食っていくためには、自分のポジションを必死で見つけなければならないのは当然のことだ。

少し前までの日本の企業では、一度採用されたら定年まで勤めるというのが当たり前とされていたが、今やそんな会社はごく一部の古い大企業だけだ。誰もが生き残るためには、自分でポジションを探さなければならない時代に、とっくの昔に突入しているのである。

この世にもしも、野球というスポーツしかなければ、高校野球で活躍した選手はどこのスポーツチームでも重宝されるだろう。しかしその世界で、「サッカー」というスポーツが新たに生まれたら、そこにおいて要求される身体能力やスキルはまったく野球とは異なってくる。

これまで野球をやってきた人たちが、サッカーをプレーしなければならなくなったときは、自分自身で適性を見つけて、「俺は足が速いからミッドフィルダーをやろう」「私は背が高く手が長いからキーパーをやってみよう」と試しにやってみるしかない。誰がレギュラーの位置を占めることができるかは、やってみなければ分からない。

目まぐるしく変化する今日のビジネスでも、毎日のように「新しいゲーム」が生まれている。1年前までは多大な利益を生み出していた事業が、ライバル企業の技術革新や産業構造の変化により、あっという間に陳腐化してしまうといった事態が、あらゆる業種でおこっている。そこで活躍できる人が誰なのかを、あらかじめ予測することはできない。だから既存の会計専門学校や、ビジネススクールなどに通ってスキルを身につけたり、資格を得たりするのはそれだけではほとんど無意味なのだ（拙著『僕は君たちに武器を配りたい』参照）。

卓越したチームでは、「凡庸な人」が居心地の悪さを感じるぐらいの厳しさが必要だ。チームに貢献する（バリューを出す）ことへのプレッシャーがないところでは、「非凡な人」は退屈し、「凡庸な人」だけが残ることになる。「楽しさ」を求める人だけでチームをつくると、全員が「お客さん」モードになってしまい、当事者意識が失われてしまうのだ。

また、いろいろな分野に才能がある人ほど、中途半端にどんなポジションにも適応してしまうので大成しない。特定の才能しかない人が、正しいポジションに身をおいたときに、パフォーマンスは最大化する。才能のある人でも、間違った場所に行ってしまえば、その才能は発揮されないままで埋もれてしまうのである。

クレーマーをも仲間に引き込む

ここでマッキンゼーの秘密のひとつを〝タネ明かし〟しよう。

じつはコンサルティング会社というのは、クライアントに対しては底知れない叡智と経営ノウハウを持っているかのように振る舞っているが、取り扱う業界すべてに関して最新の知見や課題解決方法を持っているかといえば、そんなことはまったくない（現実的に考えて、リアルタイムで全業界のベストプラクティスを集積するのは不可能である）。

それならば、なぜコンサルティング会社の課題解決には、高額な報酬に値する付加価値が生まれるのか。それは彼らが課題の解決に、「他業界の当たり前」を応用するからなのだ。企業が抱える課題というのは千差万別で、それらについての統一的な（テンプレート的な）解決法というのは存在しない。むしろ「この手法があのときはうまくいった」という解決法のひな形は、その業界内で考えれば模倣が容易であり、当然ライバル企業もその手法をすぐに取り入れるだろうと考えられるため、持続的な優位性を約束しないのである。

だからこそ必要なのは、他業種・異業種の先行する成功事例をもとに、テーラーメイドで新しい解決法を創りだすことである。よく言われる「ケーススタディ」という言葉は、スタディというだけあって学問の「研究」に近い。

テーラーメイドの解決法を創りだすときにも、鍵となるのは「チーム」の概念だ。そのとき重要なのは、コンサルティング会社のメンバーだけをチームと考えるのではなく、顧客も取引先もあらゆる関係者を、自分たちの「チームメンバー」であると見なすことである。

そのビジネスを取り巻く商流（商品の企画から生産、小売、顧客の手元に届くまでの流れ）全体がチームの意思と行動によって変革され、「そのなかにたまたま自社とそのビジネスモデルが存在している」という状況が生まれたときに、真に課題が解決され、自社に大きな利益がもたらされるのである。プロジェクトに関わるチームメンバーを、自社のスタッフに限定することは、自分たちが見落としている変革の大きな可能性の芽を摘《つ》むことになりかねないのだ。

かつてソニーの黎明期、創業者の盛田昭夫のもとにひとりの音大生が訪れた。東京芸術大学の音楽科で声楽を学んでいたその学生は、発売されたばかりのソニー製の高価なテープレコーダーを学校に掛けあって勉強のために購入してもらったのだが、「音質が悪くて使いものにならない」とクレームをつけにきたのである。

青年の話を聞いて「面白い男が来た。音楽に詳しい彼は、きっとうちの役に立つ」と感じた盛田は、共同経営者の井深大とともに熱心に青年を誘い、嘱託でソニーに入社させる。青年は入社後わずか1年で製造部長に抜擢《ばってき》され、「SONY」のロゴを作り、自社のラジオやテープレコーダーにいち早くインダストリアル・デザインを取り入れるなど大活躍する。その青年こそ、後にソニーの社長、会長を務め、同社の黄金期を築き上げた大賀典雄だった。

クレーマーすらも自社の仲間に引き込んでしまうぐらいの大きな視点が、真によいチームをつくるためには必要となるという好例だろう。

味方につけると心強い「大部長」

顧客を自分たちの仲間に引き込む、という姿勢はとくにベンチャーの経営を行っていくうえでは必須となる。

まったく新しいビジネスやサービスは、それでうまくいったという前例がないゆえに、商品を買う側が大きなリスクを背負うことになるからだ。新しいサービスや商品というのは、たいていの場合買うことに勇気がいる。初期のアップル製品などがまさにその典型だが、バグがあるのは当たり前、ユーザー側もそれを承知で購入していた。

携帯電話というすでにできあがった商品に革命をもたらし「スマートフォン」という新たな

カテゴリーで旧世代の携帯を駆逐することになったあの「iPhone」ですら、最初に発売されたモデルはひどい出来で、ほとんど使いものにならなかったのは有名な話である。

新製品というのは、経済的なメリットのみの観点で純粋に評価すると、買うに値しないことが少なくない。だからこそベンチャー企業は、営業先と取引をスタートすることすら難しいのがふつうなのだ。

それでは、どうすればその最初の「夢を買ってくれる」顧客をつかまえることができるのだろうか。その答えこそが顧客を自分のチームの一員に引き込むことである。

先述したホットリンクというIT企業が創業直後に開発したネットユーザーの情報を分析するサービスがある。今では多くのクライアントがその技術を活用しているが、まったく新しいサービスのために、当初はなかなか売り込むのに苦労した。そのホットリンクのサービスを最初に導入してくれたのは、日本経済新聞社に勤めるある部長の方だった。

その人は「珍しいもの、新しいサービスはいち早く使ってみる」というポリシーを持っていることで業界でも有名な人で、「これは面白そうだから自分の会社で使ってみたい。使っているなかで改良すべき点があれば教えてあげよう」と、購入後には顧客でありながら、チームの一員として開発にも加わってくれた。

その商品を買うことで得られるメリットが事前に分かっている場合は、どれだけ経済性があるか、競合の商品に比べてどれぐらい優れているか、という競争になる。その反対に商品を買うことで得られるメリットがはっきりしていない場合は、顧客や投資先をチームに引きずり込み、その商品の「ファン」となってもらって、いっしょに広報活動や販売に取り組んでもらえるぐらいにしないと、うまくいかないのである。

ちなみに大手の会社にはこの部長のような、新しいものが好きで、やる気のある若者を応援したいと考えている人がいることが多い。彼らは前例を踏襲することを好まないため、たいてい社内の出世コースの本流からは外れているが、魅力的な人柄で意外なネットワークを持っている。そのような人を私は「大部長」と呼んでおり、出会ったときにはなるべく継続的な関係を構築するようにしている。その人が持つネットワークが後に想定外の場面で大いに役立つことが少なくないからだ。

「私は○○な人間です」ラベリングから仲間づくりははじまる

第3章ではビジョンをぶちあげることの大切さを力説したが、せっかく素晴らしいビジョンを考えても、それがうまく伝えられなければ仲間も集まってこない。

自分はどういう使命を帯びているのか、どんなビジョンを描いているのか、それを他人に上手に伝えることが重要になる。そのために行うのが「自分のラベリング」である。「私はこういう人間で、こんなことを企てています」ということが一目で伝わるように自分にラベルを貼るのである。

これと似たような考え方に「パーソナルブランディング」というものがある。「何かの専門分野を作って、自分ブランドを確立し、それをSNSで発信すれば、仕事が向こうからどんどんやってくる」みたいな言説とともに、2011年ごろから12年にかけて、この言葉が一時盛んに流布《るふ》された。しかしはっきり言って、そんなうまい話があるわけがない。

ツイッターでいくら発信しようと、実績とスキルがない人のところに仕事は来ない。だいたい本当に仕事ができるフリーランスは業界内の口コミで途切れなく仕事が来るので、ツイッターでわざわざ自分から発信する必要がない。パーソナルブランディングという言葉が誤用されて混乱しているので、私はあえて「ラベリング」という言葉を使うようにしている。

ラベリングで大切なのは、状況に応じて貼り替えたほうがよいということだ。行く先々に応じて、相手に「刺さる」ラベルを貼ることが肝要である。

私の場合でいえば、メディアに出るときの肩書としては、「京都大学客員准教授」を使っている。だが私の本業はエンジェル投資家である。それなのになぜ「投資家」という肩書でメディアに出ないのかといえば、端的に言って日本では「投資家」という職業のイメージがよくないからだ。

金融や投資に縁のない人からは「濡れ手で粟で金を稼いでいる」「金で金を生む虚業」みたいなステレオタイプな間違った見方をされることが少なくないし、そういう人にいくら投資の仕事を説明しても理解してもらえるとは思えないので、あえて名乗らないのである。

また大学で、私は産官学連携本部イノベーション・マネジメント・サイエンス研究部門に所属していて、「企業・社会と京都大学を結ぶ」という役割を求められている。そのためには、「京都大学の人」として世間に認知されたほうが、私を雇う大学にとってもメリットが大きく、私も大学に貢献しやすくなるのだ。

ラベリングには、「自分へのフィードバック効果」もある。人間とは、他人から「おまえはこういう人間だ」と規定されることで、自然とそれっぽくなっていく存在なのだ。

悪い例でいえば、日本の受刑者の再犯率は約50％と高いレベルにあるが、その原因のひとつは、刑務所に入れられることで（犯罪人と見なされることで）、社会復帰することが困難となり、「食うためには泥棒でもするしかない」とますます犯罪傾向を強めることになるからだ（凶悪犯罪でない初犯の場合、有罪判決でもほとんどのケースで執行猶予がつくのは、この負のスパイラルを防ぐためにほかならない）。

目指したいラベルを自分で自分に貼ることで、自然に周囲も「そういう人」と見なしてくれるようになるのである。

「業界軸」「会社軸」「競合軸」「自分軸」でラベリングする

本項では、より具体的に、どのように自分をラベリングすればいいか説明したい。ラベリングの目的はあくまで「人に評価・判断してもらうこと」にある。自分が考えたビジョンによって、自分にどのようなラベルが貼られ、他人からそのラベルを見られたときにどう思われるか、という視点を失ってはいけない。そのことに留意しながら読み進めていただきたい。

「業界軸」で考えてみる

社会人経験が数年ある人であれば、まずは自分が所属する業界について正確に、深い理解をすることだ。そのうえで、自分の業界を大きく変える可能性がある「ネタ」について考えてみよう。

その際に気をつけてほしいのは、「そもそも、その業界がある意味は何なのか」ということである。

たとえば出版社ならば、「本を作って売る」というのが事業内容となるが、なぜ本を作って売るのかつきつめて考えれば、「コンテンツを通じて人々の生活を精神的に豊かにする」「生活していくなかで人々が必要とする情報を提供する」という二つが本質的な意義となるだろう。紙に印刷して本という形に製本し、書店で売るのはあくまで手段にすぎないわけで、他の方法でより効率的に目的が達成されるならば、紙にこだわる必要はないわけだ。

自分の属する業界について理解を深めたら、それと同時に、業界のキーパーソン、あるいはビジョナリー（先進的なビジョンを示す人物）は誰かを考えてみよう。自分の会社とその人とは、どのような関係があるのか、そしてその人物はどんなことを為そうとしているか。それを考えてみることで、自分がどのような道に進めば未来が明るくなりそうか、ヒントを摑むことができる。

また自分の業界と直接の関係はないが、経営課題が似通っている業界があれば、そこにおこっている事態を分析することで、自社が属する業界の未来を予測することにつなげられるだろう。

「会社軸」で考えてみる

その次に、業界内で、自分が所属する会社について考えてみる。他社と差別化できている点はなにか。得意とする領域はどこか。別の流通チャネルを作ることはできないか。今販売している商品を、違うお客さんに売ることはできないか。またはまったく新しい使い方を考えだすことができないか。

アパレル業界で働く人ならば、自社で扱っている洋服が、それを着る人にどのような「ベネフィット（利得）」をもたらしているか考えてみる。人が洋服を着るのは「寒さから身を守る」「裸を隠す」といった原始的な理由だけではない。それによって「自分自身の趣味や嗜好《しこう》を表現する」「異性にアピールする」「（高い洋服を着ることで）経済的に豊かであることをほのめかす」といった隠れた目的があるはずだ。

ベネフィットが明確になったら、同じ機能を持つ洋服を、より低いコストで、効率よく作ることができないか、考えてみる。山口県宇部市にある一中小企業にすぎなかったユニクロ（元・小郡《おごおり》商事）の場合は、自分たちの商品ラインナップを「デザインがそれなりによくて悪目立ちせず、しかも安い」洋服に特化して、中国の工場で大量生産することにより、大躍進することができた。

そのようにして自社についてありとあらゆる側面から考えることが、イノベーションの機会を生み出すことは珍しくないのである。

「競合軸」で考えてみる

自社について考えるのと同じぐらい、競合の会社や商品について考えることは重要だ。古い話でいえば、あのアップルの場合も、コンピュータ業界の巨人であるＩＢＭが長期にわたって「仮想敵ナンバーワン」だった。巨大で高価な業務用として開発されていたコンピュータを、個人がより自由に生きるための道具とする。それがアップルがＩＢＭに対抗して掲げたビジョンである。１９８４年に発売された初代マッキントッシュはその理念に基づいて開発され、マーケティングからテレビコマーシャルまで「打倒ＩＢＭ」を旗印として展開し、みごとに「パーソナルコンピュータ」という市場を確立することに成功した。

同様に、自分が今働いている業界で、「倒さなければならない敵」や「誰もが不自由に思っている慣習」があるならば、そこにこそ大きな果実の種が眠っている可能性がある。古い勢力、古い発想、古い慣習が支配する業界にこそ、イノベーションのチャンスがあるのだ。

「自分軸」で考える

業界と自社と競合という外部環境について十分に考えたところで、いよいよ「自分自身」について考える段階となる。

今いる業界、会社のなかで自分は何がしたいのか。今持っているスキルや知識や経験によって、何ができるのか。自分の出自や過去の出来事で、大きなものは何か。

そして大切なのは、それらを生かして、「世の中にどのような貢献をしたいか」という視点を持つことだ。
個人のアイディアが、社会の進歩とつながったとき、そのひとりの脳内で生まれた思いつきが、社会を変える「ビジョン」となる。

共感をよぶストーリー

自分のラベリングにおいては、「ストーリー性」を持つことがとても大切だ。ストーリーと言ってもそんなに難しく考える必要はない。先ほど「ヒーローズ・ジャーニー」で見たとおり、王道の物語は以下のようにパターンが決まっている。

1 間違っていることをしている過去

主人公は現在、自分が置かれている状況や、やっていることに、何となく違和感を感じている。しかしまだその状況から脱しようとは考えていない。

2 イベントがおこる

理不尽さが白日の下にさらされるような出来事が、主人公の身辺におこる。否が応でもその理不尽さに、向き合わざるを得なくなる。

3 心境の変化

イベントによって「このままではいけない。間違った仕組みを自分が変えなければいけない」と思い立つ。

4 行動

旅に出たり、仲間を集めたり、敵と戦ったり、現実の変革に向けて動き出す。

5 結果

行動したことによって、世界にはたしかに変化がおこり、主人公が当初感じていた理不尽や違和感は解決される。

単純な物語の枠組みだが、世界中の人々が昔よりこのストーリーのパターンに慣れ親しんでいるのは間違いない。

仏教の開祖である古代インドの釈迦《しゃか》も、その人生はこの物語形式をなぞっている。

釈迦はもともと王族に生まれて、何不自由のない暮らしをしていた（間違った過去）。

ところがある日、城の外で病気で苦しんでいる人を見てしまう。釈迦はその病人を見たことで「自分は今は健康で豊かに暮らしているが、いずれ必ずあの人と同じように病気で苦しみ、やがて死すべき運命なのだ」ということに気づく（イベントと心境の変化）。

その結果、出家を決意して、僧侶となり修行の道を歩んでいく。途中、仲間とともに苦行をしたり、悪魔の誘惑にあったりしながらも、修行を進めていく（行動）。

そうして釈迦は菩提樹の下で悟りを開き、自分の教えを世界中の人たちに伝えていくことを決意する（結果）。

人が自分のことを説明するときも同じだ。「自分はかつて〇〇という会社で、△△の仕事についていたが、そこで大きな非効率があることを感じた。そこで自分は会社をやめて、その非効率を正すために、こんなサービスを立ち上げようと考えている……」というストーリーを作ることができれば、多くの人に共感してもらうことができる。

ロマンとソロバンはあるか

ストーリーを人に話すときに大切なのは、その話に「ロマンとソロバン」があるかどうかだ。

ロマンというのはビジョンに通じるものだ。「自分はこのように社会を変えたい」という熱い思い、それがロマンだが、重要なのは自分の私利私欲のためではなくて、社会のみんなが応援したくなるようなものであることだ。公共性がないロマンには、誰もついてきてくれない。だからこそロマンは、みんなが応援したくなるようなテーマでなければならない。

一方で「ロマンだけしかない」というのではダメだ。よくネット上や大学のサークルなどで、「意識だけは高い人」というのを見ることがある。「世の中をよくしたい」「困っている人の役に立ちたい」と掲げている志は立派なのだが、それを実現するためにお金や時間、人の手がどれぐらいかかるか、具体的なことを考えて実行するのは苦手な人は少なくない。

ロマンを実現するには、それと同じぐらいソロバン（お金、時間、労力のコスト計算）をきちんと考える必要がある。多くの人が「お金を払っても解決したい」と思えるような非効率や満たされないニーズがあるからこそ、ロマンはロマンになりうるのである。

余談になるが、このところ世間を騒がす「ブラック企業」と呼ばれる会社では、この「ロマン」の持つ力を利用して若者の労働力を搾取しているケースがよく見られる。企業のホームページや会社案内で、ことさら「社会貢献」「ありがとうを集める」「世の中をよくする」といった美しい言葉が強調されていたら、要注意だ。

本当に世の中に貢献している企業は、周囲から自然に尊敬を集めるから、自ら「社会貢献」を大声で主張したりしない。ブラック企業とは正反対に、いっさい表に出すことなくＣＳＲ活動に多くのカネを注いでいる企業もある。まさに昔の言葉で言うところの「陰徳」を積んでいる隠れた優良企業も日本には少なくないのである。

自己開示がもたらすもの

仲間を引き入れるためには、自分のビジョンと歩んできたストーリーを語る必要がある。つまり自分を「自己開示」しなければならない。自己開示を通じて、相手側の自己開示を促すようなストーリーを語ることができれば合格だ。「私はこういう人間で、こんなことをしたいと考えています」という自己開示がうまくいけば、それを聞いた相手側も「じつは私もそのことについて、こんなことを考えています」と語りたくなる。

自己紹介の目的は、自分についてすべてを相手に知ってもらうことではない。そんなことが短時間でできるはずもない。自分についてもっと知りたいと、聴衆に興味を持ってもらえればそれで十分である（厳密に言えば、関心を持ってほしい人と、ほしくない人を分けるフィルターを作ることが、最上の自己紹介といえる）。

自己開示については注意すべき点がある。それは自分が話すことが「検証可能な過去の実績とリンクしていること」である。学歴や職歴、具体的な職務経験、そこで学んだスキルなどが、確かな実績として相手に受け取めてもらえなければ、いくらストーリーを語ったところで「妄想」や「夢物語」の類でしかない。

またストーリーを語るうえでは、パーソナライゼーション（相手によって語り方、内容を変えること）が重要である。同じ自分の物語でも、相手の年齢、職業、置かれている環境によって「刺さるポイント」は違ってくる。

たとえば顧客となりうる候補の人と会って話す場合と、ぜひ仲間に引き入れたいメンバーをリクルーティングするときに話す場合、それとも「ワールドビジネスサテライト」のようなビジネスを紹介するテレビ番組に取材されて話す場合とでは、話すべき内容も、どのように伝えるかも違ってくるはずだ。話すときの表情や声のトーン、口調にも注意をはらいたい。

話は長すぎてもいけない。人は、よく知らない人の話を長時間聴き続けるのを好まない。「目の前の人は、基本的に自分に何の興味関心も持っていない」という前提を常に忘れないことだ。そのためには、3分間ぐらいで自分のストーリーとビジョンを魅力的に伝える訓練が必要となる。

仲間を集めてチームをつくっていく過程では、何度も何度も同じことを繰り返し語っていかねばならない。それに上達するためにも、ぜひ次に掲げる訓練を実際にやってみてほしい。

・まずストーリーの「コア」を作る。
・いくつかの聴衆（ターゲット）ごとに話の内容をカスタマイズする。
・実際に3分程度で話してみる（ストップウォッチで測るとよい）。
・まわりの友人や知人に語ってみて、分かりにくい点、共感を覚えにくい点などのフィードバックを得て、修正する。

この訓練を繰り返す過程で、自分のストーリーもビジョンも明確になっていくはずだ。

本章の冒頭でご紹介した、私が日本交通の人々の前でスピーチした話が、まさに聴衆にあわせてカスタマイズした「ストーリー」の事例である。

「すぐにはミッションが思い浮かばない」という人もいるだろうが、無理やりでもいいから考えてみてほしい。会社で働いていれば新規事業のアイディアを強制的に出すように指示されることもあるだろう。

メガバンクに20年以上勤めた男の独白

私は自分が投資する企業で人を採用するとき、必ず次のような質問をする。

「今まであなたがやってきた仕事で、もっとも会社を儲けさせたのは何でしょうか。チームでの仕事の場合、あなたがそこで果たした主導的な役割は何ですか」

面接でこの質問をすると「うっ」と顔をゆがめて考えこんでしまう人は珍しくない。これに答えられない人は基本的に採用しない。逆にきちんと仕事で結果を出してきた人は、この質問に即答できるはずだ。

あるとき関わっていた会社の採用面接で、メガバンクに20年以上勤めてきたという40代の男性にこの質問をしたところ、彼は30秒ほど考えこんでから、悲しみに満ちた表情で答えた。

「そう言われてみると、私には実績と呼べるものが、何もないですね」

その人によくよく話を聞いてみても、何かしらの分野で「これを成し遂げた」という具体的なエピソードはついに出てこなかった。そしていつしか面接は、「私はこれからどうしたらいいでしょうか」と悩むその人物の、人生相談の様相を呈することとなったのである。

東大や京大を出て、メガバンクや一流商社など大会社に入社し、ぬるま湯の環境で20年、30年を過ごしてきた人が、〝本物の資本主義〟の波の直撃を受けて会社から放り出され、人生を考えなおすというケースは少なくない。

将来そうならないために、とにかく結果を出し、自分の会社を成功させることにフォーカスしてみることだ。言われたことを単純にやるのではなくて、本質的に自分の属するチームを成功させるためにはどうすればいいか、真剣に考えて、行動することだ。その結果が、自分の成長と報酬に直結するのである。

社内に向いた目を外に向ける

ビジョンやストーリーを語るときには、業界や自社の「保身」「都合」を考えるべきではない。以前、あるビジネス誌主催のセミナーで、参加者たちに「今自分の働いている会社を、こんなふうに変えたいと思っていることがあれば、発表してみてください」と呼びかけたことがある。

そのときに手を挙げた30代の男性は、某大手電機メーカーの人事部で働く人だった。彼は、「グループ会社の若手を集めた交流会などを企画している。会社の体質が古く、なかなか組織の縦割り体質が抜け出せないことから、部署やグループの枠を超えて若手が新しい試みをやろうとしない。そこで交流会を開くことでグループ間の連携を図ろうとしている」と発言した。

私は彼の話を聞いて、「私があなたの立場だったら、シリコンバレー株式会社みたいなものを日本で作れないか、と考えるでしょうね」と言った。

アメリカのシリコンバレーにはご存知のとおり世界中からエンジニアたちが集まり、さまざまなベンチャー企業で働いている。彼らの多くが複数の会社で働いた経験を持ち、シリコンバレー内の会社で転職を繰り返しながら、スキルを高めている。そのエンジニア全体のレベルの向上が、シリコンバレーから次々と世界を変えるようなベンチャーが生まれる土壌を作っているのである。

それに比べて日本では、優秀なエンジニアたちが韓国や中国の企業に引き抜かれ、技術が流出していくことが問題となっている。日本のエンジニアたちも本当であれば、日本国内に暮らして、日本国民のために仕事をしたいはずなのに、それができなくなっているから海外に行っているわけで、もっと国内で人材の流動が活発化すれば日本のエレクトロニクス業界も活性化するはずだ。

その大企業の人事部に勤める彼も、社内やグループ会社間の交流ばかりに目を向けずに、日本のエレクトロニクス産業全体の向上、日本のエンジニアがどうすればもっと活躍できるか、という外向きの視点を持てばさらに視野が広がり、多くの人の関心を集められると感じた。

ロマンやストーリーを語るときに、社内事情をやたらと話したがる人がいるが、そういう「内輪ネタ」は聞いている側からすると、退屈極まりない話だし、そもそも的外れで問題解決の役に立たないものが多い。ロマンはみんなが関心を持つ何かしらの共通項や、公共的な利益に結びつくものでなければならない。

大企業のなかで変革をおこすチーム

日本の家電メーカーの未来は、今のままで行けば今後も厳しいことは間違いない。数年以内に倒産するか、中国、韓国の資本に吸収合併されるところがでてきても不思議ではないだろう(液晶ディスプレイの好調な売れ行きにより2000年代初頭に業績を大きく伸ばしたシャープも、2012年、台湾に本社を持つ鴻海《ホンハイ》グループが筆頭株主となった)。

家電メーカーが生き残る道は、基本的に二つしかないと私は考えている。

ひとつは、アップルのように、それまで誰も見たことがないような並外れた製品のコンセプトだけを作り、実際の生産については外部の会社の工場に委託してしまう方式だ。

かつてアメリカのオバマ大統領が、スティーブ・ジョブズの存命中に「iPhoneの製造の仕事をどうすればアメリカ国内に戻すことができるだろうか?」と尋ねたことがあった。ジョブズはひとこと、「The jobs are not coming back」(その仕事はもう戻って来ません)と言った。これはジョブズの名前と「jobs(仕事)」をかけたジョークなわけだが、たいへん厳しい現実を示している。

よく中国の人件費が安いから工場が外国へと流出する、と言われているが、iPhoneのような精密機器を作る工程において、その組み立てにかかるコストの比率はとても低い。だから中国よりは人件費が高いアメリカで生産したとしても、採算は成り立つ可能性が高い。ところがアメリカと中国では、企業にとっての労働力の「柔軟さ」が決定的に違うのだ。

たとえば「来週までに100万台のiPhoneが必要だ」となったときに中国であれば、またたく間に数万人の短期労働者を集め、3万人が稼働する工場をほとんど一夜で立ち上げることが可能だ。ジョブズがiPhoneの完成品についたガラスの傷を見て、「もっときれいになるように工程を組み替えろ」と指示をすると、数時間後には中国で寝ていた労働者たちが叩き起こされて、新たな生産ラインで試作を始めたという話を聞いたこともある。

iPhoneのような進化の速い精密機器は、生産が始まってからの需要カーブの高低差が非常に激しい。新しい商品が出た直後の2〜3ヵ月は大量生産体制が必要だったとしても、半年後には工場の稼働率が10分の1となることもよくある。

そのとき工場で働いている数万人の労働者に「あなたたちの仕事は今週で終わりです。来週からは来なくていいよ」と簡単にクビを切ることができることは、企業経営の柔軟性において、非常に得がたいメリットなのだ（このように述べると中国の工場と労働者がアップルによってたいへんな搾取をされているように思われるかもしれないが、それはちょっと違う。なぜなら、もしアップルの売り上げが落ちて仕事がまわってこなくなったら、すぐさま労働者たちはライバルのサムスンが生産販売するスマートフォンの組み立て工場の採用窓口に列をなすからだ)。

日本の家電メーカーが生き返るもうひとつの方法は、セラミックスの関連電子部品で圧倒的シェアを持つ村田製作所や、産業機械の制御センサのオーダーメイドで業績を伸ばし、日本一給料が高い会社として知られるキーエンスのように、ニッチだが特定の分野では非常に強い部品を提供する会社として生き残っていくことだ。

日本の電機メーカーが弱体化した大きな理由は、電球やテレビといった家電から巨大な発電プラントまで、あらゆる分野の電気製品に手を出していることにある。アップルもジョブズが復帰してまずやったことは、PDAのニュートンをはじめ、増えすぎていた製品のラインナップをばっさりと切り捨てることだった。

私はマッキンゼー時代に電機業界のコンサルティングを担当したことがあるが、もしも今、パナソニックやシャープの経営改善の仕事を手伝うとするならば、両社ともに会社の規模を今よりずっと小さくすることから始めるだろう。その過程で、外部に切り出される部門も出てくるに違いない。

いま私が属している京都大学の産官学連携本部では、国から出資された350億円の資金をもとに、日本の製造業や医療関係の企業などと連携して、共同研究事業を立ち上げようとしている。経営環境の厳しさから研究開発投資が減少している日本の民間企業と、市場に直接的には向き合っていない大学の研究部門が協力することで、お互いの長所を活かし、国の成長戦略にも貢献するイノベーティブなビジネスを生み出すことが狙いだ。

その事業が進んでいくなかで、これからきっと、企業内で眠っている技術や、力を発揮しきれていない人材が活用されていくことになるだろう。


苦境が伝えられることの多いパナソニックのなかでも、近年大ヒット商品となった女性向けの美容家電の「ナノケア」シリーズなどは、まさに企業内で眠っていた技術と人材に注目して成功した事例と言えるだろう。

パナソニックの美容家電の歴史は古く、1980年代から女性向けの製品を開発していた。しかし従来は技術先行で、製品の企画や開発、マーケティングも男性が行ってきたが、2005年に発売されたスチーマーの「ナノケア」からはマーケティングを女性が担当するようになり、広告や売り場での展開も変更、製品のイメージが大きく変わった。

現在ではパナソニックでは初めてとなる女性だけの「Panasonic Beauty」プロジェクトチームが、製品の新規企画からプロモーションまで全般に携わる。チームに参加したメンバーの部署はバラバラ、上司部下の関係もない。

同チーム結成のきっかけは、従来発売されていた美容家電のスチーマーへの疑問をひとりの女性社員が抱いたことだった。

男性には、女性の肌のトラブルや悩みについて、細かいところは分からない。仕事から疲れて帰ってきた女性にとって、わざわざコンセントを差し込み、スイッチを入れて、スチーマーの前に15分もじっと座っていなければならないのは面倒くさすぎる。寝ながら使えるスチーマーがあればいいのに――。

開発担当の女性と雑談するなかで思いついたその製品コンセプトを、眠らせてしまうのは惜しいと考えた彼女は、上司に掛け合い、実際の商品開発にこぎつけた。そうして発売された新商品のナイトスチーマーは、当初の月間販売計画の4倍売れる大ヒットとなった。以降も30代の働く女性をメインターゲットに、450万本以上売れたポーチに入る電動歯ブラシなど、女性ならではの視点に基づく商品を次々開発している。

「Panasonic Beauty」チームのひとりの女性メンバーは、短大を卒業したあと入社して10年、在庫管理の仕事についていた。「会社から何も期待されないまま、誰がやっても同じ仕事を社内ニート状態で続けていた」のだが、あるとき店頭販促企画担当へと異動することになる。彼女はデパートのコスメ売り場や高級ブランドの店舗にヒントを得ながら、従来の無味乾燥な家電用品の展示とはまったく違う、美容に関心がある女性に訴えかける商品ディスプレイを展開していった。

国内の美容家電市場は、野村総研の調査によれば、2013年度中に1500億円以上に達し、今後も成長が見込まれる。パナソニックは国内エステ家電市場をほぼ独占しており、テレビなどの従来「稼ぎ頭」だった市場が頭打ちとなるなか、数少ない「活路」となっている。

利用者と同じ目線で商品のことを見ることができる女性だけのチームをつくったことが、パナソニックの美容家電成功の要因となったことは間違いない。

「なぜあなたと仕事をしたいのか」を明確に説明できるか

自分のラベリングやストーリーを語ることの目的は、チームの仲間候補に「なぜあなたと仕事をしたいのか」を理解してもらうことにある。相手にとって「なぜ自分が必要とされるのか」は、キャリアの選択をするうえできわめて重要な判断材料となるからだ。

私がこれまで書いた3冊の本は、合計で50万部ほどの売れ行きとなった。近年の不況が続く出版界、ことにビジネス書のジャンルでは、注目に値する数字であったことから、その後私のところへけっこうな数の出版社から、執筆依頼のアプローチがあった。

そのたびに私は次のようにお返事を返した。

「私は本を書くということは、○○社と仕事をするのではなく、○○さん（連絡をくれた人）という個人と仕事をすると考えています。だから○○さんがこれまでどんな本を作ってきたか、それらがどれぐらい売れたか、または売れなかったとしても自分として満足がいった出来栄えの本、それを教えてください。それが僕にとって面白ければ、○○さんが会社を移ったとしても、仕事でご一緒できる可能性があると思います」

この質問をすると、明確に反応が分かれた。ただ単に「ちょっと売れている著者だからアプローチしよう」と考えて軽いノリで連絡をくれた編集者は全員、「自分にはそんなに自信をもってお伝えできる実績がないので……」とすぐに諦めて去っていった。

反対にきちんとした回答を寄せてくれた編集者は、やはりそれだけの実績を残している人が多く、たとえ一緒に本作りをすることがなかったとしても、何かしらのかたちで仕事をご一緒したいと感じた。

前者と後者の最大の違いは、実績のあるなしもさることながら、「なぜ私と一緒に仕事をしたいのか」が明確であるかどうかだ。「なぜ私なのか」がはっきりしている相手とは、仕事を通じてコミュニケーションをしてみたいと思えるが、そうでなくて手当たり次第に売れてる著者に声をかけている編集者に対しては、「私でなくてもいいんじゃないの?」と感じてしまう。

これは男女のつきあいでも同じことが言えるだろう。

「恋愛コンサルタント」といった肩書の人が最近ではいるようだが、「自分はこれまでに数十人の異性とつきあってきた」からといって、「恋愛のベテランである」ということは言えない。むしろその人物は、何かしらの性格的、人間的な問題から、ひとりの異性と本当に深い信頼関係を結ぶことのできない人である可能性が高いといえる。

モテることを自慢する人には、本当の恋人ができない。多くの異性に受け入れられようとすると、最終的には自分が本当に求めている人からは、相手にされなくなる。誰からもモテる人を目指すのは意味がない、ということだ。

仲間づくりにおいても同じである。自分が本当に結びつきたい特定の人と、どうやったら本当によい関係を築くことができるのか。それに注力することだ。

これはとくに営業の仕事をしている人には覚えておいてもらったほうがいいだろう。ダメな営業マンは、多くの人に商品を買ってもらおうとして、10％の努力を10人に対して振り分ける。

しかしできる営業マンは、ここぞと決めた人に全力で１００％の努力を傾ける。結果、前者は受注ゼロで、できる営業マンは受注することができ、また次の努力対象を見つけることができる。

だから上司から命ぜられるままに、相手のことをまったく調べずにひたすらアポ無しの飛び込み営業をするのは、ほとんど無意味なのだ（そういう営業スタイルを奨励する企業はまずブラック企業と言っていいだろう）。

グーグルの採用方法

企業にとって採用活動は、自分たちとともに働く仲間を集める活動にほかならない。採用がうまい企業は、集まった優秀な人材の力によってどんどん業績を伸ばしていく。反対に採用がへたな企業は、たとえ一時的に業績を伸ばして世間の注目を集めたとしても、みるみるうちに活力を失っていき、やがて市場から消えていく。

戦国武将・武田信玄の名言「人は城、人は石垣、人は堀」ではないが、企業はまさに人によってできているがゆえに、優秀な人材をいかに継続的に確保できるかどうかが、死活的に重要となるのである。

それゆえに優れた企業では、必ずリクルーティングに多大なコストをかける。人材への「投資」が、何よりも自社の未来を明るくすることを知り抜いているからだ。

1998年の創業からわずか10年ほどでインターネットの世界を制したアメリカのIT企業グーグルも、採用にものすごく力を入れることで知られている。グーグルは優秀な人材を集めるために、設立して間もないまだまったく世間に存在が知られていないころから、じつにユニークな採用活動を行っていた。

そのひとつが大学研究室の「狙い撃ち」だ。グーグルを学生時代に創業したラリー・ペイジとサーゲイ・ブリンは、自分たちが籍をおいていたスタンフォード大学の教授たち5人にお願いして、会社の相談役になってもらった。そしてその教授たちのネットワークを生かして、イギリスのケンブリッジ大学などの超一流大学で情報科学や理論物理学を教える教授に連絡をとった。

「先生の教えている学生のなかでいちばん優秀な人に、『アメリカにグーグルという、これから世界を変えるすごい会社があるらしい』と話してもらえませんか。先生にやっていただくのは、それだけでけっこうです。われわれはその学生に、グーグル本社のあるパロアルト行きのファーストクラスの飛行機チケットをお送りします。ぜひ先生が教える優秀な学生さんたちと、研究についてディスカッションしたいのです」

そのように頼んだのだ。

グーグルはそうやってアルゴリズムの計算において、天才的な才能を持つ学生に目星をつけ、世界中から「青田買い」していった。「車椅子の天才物理学者」として有名なホーキング教授の研究室からも、二人の学生が当時無名のグーグルにヘッドハンティングされたという。

天才は天才を知る。超優秀な学生たちは、破格の給料を出して自分たちを雇うと言うグーグルというＩＴ企業の可能性を、自分たちのまわりにいる「天才」レベルの学生たちに広めていった。こうして初期のグーグルは、まったく新しい検索エンジンの開発に求められる「数学の天才」を、世界中から集めていったのだ。

グーグルが大きく成長しつつあった２００４年に行った採用広告もじつに興味深い。グーグルはエンジニアを採用するにあたり、最先端のＩＴ企業のイメージからすると驚くほど古いメディアを使った。

シリコンバレーを走る高速道路に「看板」を出したのである。ふつうでないのはその中身だ。

グーグルはその看板に、企業名も説明もなく、「eの連続した桁で見つかる最初の10桁の素数.com」とだけ書いた。それを見たシリコンバレーのエンジニアたちは、「これは自分への挑戦だ」と捉えた。数学に興味のない世の中の大多数の人にとっては意味不明な文言だが、その「クイズ」は優秀なエンジニアたちの知的好奇心を大いに刺激した。

頭を捻《ひね》ってこの難しい数式を解き明かしたエンジニアたちは、答えである「7427466391.com」をパソコンのブラウザに打ち込み、指定されたサイトに飛んだ。するとそこには、さらに難しい数学の問題が書かれている。それを解いて分かった数字をログイン画面のパスワードに打ち込むと、グーグルの採用ページが現れるという仕掛けだ。

グーグルはこのたった1行の採用広告によって、「われわれが探しているのは世界最高のエンジニアであり、あなたこそがその人だ」というメッセージを送ったのである。

波紋が生じた岩波書店の〝採用条件〟

グーグルのユニークな採用活動に比べて、日本企業の多くは今なお「できる限り多くの学生を説明会に呼んで、そのなかで優秀な人材を何度かの試験と面接を経て探しだす」という、昔ながらの採用方法を続けている。

しかし画一的なリクルーティングを続ける限り、その画一的な採用方法に「順応」した人材しか見つけ出すことはできない。いわゆる「意識が高い」学生がいくつもの大企業の内定を得ながらも、入社した企業で仕事をさせてみると使いものにならず、1年も経たずに辞めていったり、企業側から言えばとっとと辞めてほしいと感じる新入社員が少なくないのも、採用活動と実際の仕事に必要とされる能力の乖離《かいり》が大きいのが理由だろう。

そんな日本企業のなかで興味深い採用活動を行ったのが、出版社の岩波書店である。

岩波書店は2012年度の採用活動で、「当社の採用にエントリーできるのは、当社から出している本の著者、もしくは当社社員からの推薦状を持った人だけに限ります」と告知した。つまりいわゆる「縁故採用」を事実上宣言したのである。

するとネット上では「就職差別だ」「コネ入社だけに採用を絞る気か」と大きな非難が巻き起こった。厚生労働省もこれを問題視し、岩波書店に事実関係の確認を行った（岩波側の回答は「今回の募集方法は、あくまで学生の熱意と意欲を確認するためのものであり、著者等の紹介は選考の基準とせず、紹介がない学生にも採用のルートを用意する」というものだった）。

しかし私はこのニュースを聞いて、「岩波書店のとった採用方法は『あり』だな」と思った。

岩波のようないわゆる「左翼的」で「平等と博愛」にこだわっているような出版社がコネ採用とは、と思う人もいたようだが、考えてみれば、この採用条件を軽々とクリアできるような学生でなければ、岩波書店に入社できたところで仕事に困ることになる。

ツテを求めて岩波から本を出している先生にたどり着き、推薦状をもらえるぐらいの能力が学生の時点でなければ、編集者として時流に乗っている著者を口説き落とし、「売れる原稿」をとってくることは難しい。

これはリクルートが作った「リクナビ」というビジネスモデルに対する企業側からの回答のように私は感じる。リクナビができたことによって、学生は誰でも彼でも企業にエントリーすることができるようになった。その結果、人気の企業は数名の採用担当者が、数千人から数万人にのぼる応募者をさばかなければならなくなった。

岩波のような社員数百名ちょっとの会社にも、おそらく毎年何千人もの応募があったことだろう。客観的に見て岩波書店が求める教養や知識レベルにまったく到達していない学生も、「給料が高いらしい」というぐらいの理由で応募してくるのである。このミスマッチは、学生にとっても、また採用側の企業にとっても、徒労以外の何物も残さない。

だから私は、岩波の事実上「コネ採用します」という宣言を、「正しい」と考えるのである。

ひとりの失敗が、即、全員の失敗

チームづくりにおいて、メンバーの人数をどうするかは、十分に頭をしぼって考える必要がある。チームというのは規模が大きくなればなるほど、構成人数が増えれば増えるほど、機能しなくなることが多い。

その理由は、個々の役割がはっきりしないことから責任の所在があいまいになり、無駄な作業や繰り返しの仕事が生まれて、物事が前に進まなくなっていくからだ。

それに対してよいチームのほとんどは、必要最低限の人数しかいない。「自分がこれをやらなければチームが崩壊する」というミッションが各人に与えられており、「ひとりの失敗が、即、全員の失敗」となる。それだけに誰も手を抜くことができないのだ。

基本的に、新しくできたチームでは人員が足りないのがふつうだ。ゲリラ戦に例えるならば、「ライフルは5丁あるけれど兵隊は4人しかおらず、あとひとりは12歳の少年しかいない」というような状況である。そのような場合には、否応無しに少年を戦力とするしかない。そうしないとチームが生き残ることができないからだ。

コンサルティング会社でも、通常、チームの人数は常に最小限に設定される。使えないスタッフがメンバーにいたとしても、その人物を追い出したとしたら、次に補充されるのがいつになるか分からない。だからどうにかしてその人間を戦力にするしかない。

たとえＭＢＡをとっていても、マッキンゼーに入ってきた中途採用者のほとんどは、最初のうちまったく使いものにならない。しかし彼らが新人であるがゆえに持っている大きな価値がある。それは新たな「インタビュー先」を開発できることだ。

新規プロジェクトを始めるときには、必ずクライアント周辺のさまざまな関連企業、個人にできる限り数多くインタビュー（取材）をする。顧客の会社に勤める従業員や直接の取引先はもちろん、ライバル会社の従業員や、業界に詳しいマスコミ関係者、取引のある金融機関など、話が聞ける先が多ければ多いほど、立体的にクライアントの課題を浮き彫りにしていくことができる。そのときに新人は、前職で働いたときにできたネットワークや大学院での人脈が生きているため、たとえマッキンゼーに長年勤務していても、絶対に得られない情報を摑んでくることがあるのだ。

私の経験でいえば、ある企業が金融関連のプロジェクトを始める際に、商工ローン（いわゆる街金《マチキン》・おもに中小零細企業向けの高利融資）についてかなり詳しく調べる必要に迫られたことがあった。マッキンゼーの人脈をたどっても商工ローンの経営にタッチしている人材は見つからなかったのだが、たまたま私が所属していた弁論部のつながりで、他の大学の弁論部ＯＢに商工ローンに勤めている人がおり、彼からかなり詳しい話を聞いて、街金業界の実態がよく理解できたことがあった。

ベンチャーでも人を採用した結果「ハズレ」のことはよくある。しかしその人をクビにして、またコストをかけて採用活動を行っても、よい人が来てくれるかどうかはまったく分からない。だったらそのハズレの人間ができる仕事を見つけ出して従事してもらったほうがいい。「今与えられている戦力でどうにかする」というのがあらゆるチームの戦略において必要な姿勢なのだ。

そのようなチームが取り組むプロジェクトは、リソースがぎりぎりであるがゆえに「ひとりの失敗は、全員の失敗」となる。だがその緊張感こそがミッションの成功には不可欠なのである。

「そのプロジェクトがダメだったら倒産する」「成功しなかったらメンバー全員クビ」という緊張感があるベンチャー企業が行うプロジェクトと、大企業の「まあこのプロジェクトが失敗しても給料は保証されてるから」と考える社員が集まって行う「新規事業プロジェクト」では、結果が雲泥の差となることが珍しくない。

大企業においては「失敗するかもしれない試み」をするよりも、「いかにリスクをとらないか」が出世につながる。だから大企業のチームからは革新的な製品やサービスが生まれにくくなる。グーグルやフェイスブックやAmazonのような、それまでの世の中の仕組みをひっくり返すような新しいサービスのほとんどがベンチャーから生まれるのも当然と言える。

「負けたら解散、参加メンバーに痛い金を張らせる」というのも、メンバー個々人のコミットメントを本気にさせるためには有効である。

私個人の経験でも、過去にマネジメントに関わったある会社では、その経営メンバー全員に「その人にとって失ったらかなり痛い額の金」を出資させることからプロジェクトをスタートさせたことがあった。その会社の技術担当で、「モーニング娘。」の大ファンだったある人物は、ライブやイベントなどに使っていた多額の金を、泣く泣く自分の会社に出資した。

そうすると経営ミーティングのときに、ちょっとでも考えが足りない案を出したメンバーがいた場合、他のメンバー全員が「オレの出資した金を無駄にする気か？」と本気でブチ切れるようになる。技術担当も「『モー娘。』に使う予定だった金を出したんだから、無駄遣いはしたくない」と技術投資の効率を数十パーセントも改善した。このように「痛い金」を張らせることで、必然的に会議には緊張感がもたらされ、全員が「自分の人生がかかっている」と認識し、プロジェクトの成功が自己の成功と同一のものとなるのである。

チームのなかでポジションを変える

私が投資するネットリサーチのサービスをする会社でこんなことがあった。「凄腕《すごうで》の営業マン」と鳴り物入りで採用した人材が、実際営業をさせてみるとさっぱり売れなかったため、売り上げをどうにかして立てるために、急遽社内で別の部署から営業マンを補充することになった。

ところがなかなか適切と思われる人材が見つからない。やむを得ず、管理部門からまったく営業未経験の女性を、「ものは試し」で営業部にコンバートしてみたところ、その女性はまたたく間に会社でナンバーワンの売り上げを誇る営業ウーマンになったのである。

彼女はもともと東京大学の理系の大学院を出て、メーカーの研究職を経て私たちの会社に転職してきた人だった。業務としては、営業マンが受注したあとの、案件の進行管理をずっとやっていたのだが、その仕事をすることでクライアントがリサーチにおいてどんなニーズを持っているか、何が困っているのか、具体的、体感的に学習することができていた。

もともと持っていたバックヤードの知識と、営業に出ることで把握したお客さんのニーズを組み合わせることで、彼女は次々に顧客に有効なソリューションを提示できるようになり、その結果が、営業数字につながったというわけである。

スタッフのポジションを変えることで成功につながったケースはほかにもある。

ある大手の材木問屋の会社では、昨今の建築不況によって業績が落ち続けていた。そこで規模を大きくすることで生き残りを図ろうと、別の会社の製材工場を買収し、一気に木材の生産能力を3倍に高めた。

しかし生産能力だけ高くなっても、注文がなければ意味がない。そこでその会社ではどうしたかというと、図面を引くCADエンジニアを全部営業に転身させたのである。彼らは営業先を訪問し、見積もりを頼まれたら、その時点ですぐに図面を作ることができた。

建物を完成させるためにはどれぐらいの材木が必要か、作業工程が何日ぐらいかかるかすぐに分かるようになったため、以前とは比較にならないほどスピーディな受注が可能となった。

その一方で、もともと営業マンをやっていた社員たちはすべて新規営業をする部隊へと振り替えた。営業力がある社員は全精力を新規受注に注ぎ、「工場が大きくなりましたので、どんな需要にも対応できます」とバンバン新規の案件をとってくることとなった。

営業に転身したCADエンジニアたちがもともと仕事としていた、実際の図面をひく仕事はどうしたか。今の日本は建築業界が構造不況のため、建築士が余っている状態にある。そこで仕事がなくて困っている彼らに「この建物の図面をお願いします」とFAXで発注するルートを作り、詳細な図面の設計はすべてアウトソーシングすることにしたのだ。

実はこの組織改革のアイディアを出したのは私だった。私が経営に参画していた会社の大株主が、材木問屋の社長だったことから、「瀧本くん、ちょっとうちの会社をコンサルしてくれないか」と頼まれたことで手伝った案件である。

勇者が「冒険」で出会うべき人々

よき仲間を集めるためにはどうすればよいか、ここまでいろんな視点で語ってきたが、本章の最後に「少数精鋭のチーム」を作るうえで最低限必要と思われるメンバーのタイプについて言及しておきたい。

これまで「よいチーム」は優れた冒険物語のような、神話的なストーリー性を持つと述べてきた。同様にメンバーの構成についても、ヒーローズ・ジャーニーにおける登場人物が参考となる。私が考えるよいチームの構成メンバーは、勇者、魔法使い、エルフ、ドワーフ、そしてトリックスターだ。

勇者というのはもちろん、ビジョンをぶちあげるリーダーのことを指す。それは必ずしも本人の意思とは限らない。ときには宿命的に受け入れざるを得ないこともある。だがビジョンの実現こそが自分の使命であるという強い確信だけは持っている勇者は、危機的な状況においても、けっして諦めることはなく、突発的なアイディアを出して、切り抜けることが多い。非論理的な勘による決断を好む。リスクをとることをいとわない。こんな勇者が、何人も集まってプロジェクトを始めたら、すぐにお互い喧嘩を始めたり、無謀な突撃を繰り返して、あっという間に全滅してしまうことは目に見えている。現実のゲームは、リセットしてやり直すことは簡単ではない。だから、よいチームには、勇者をサポートする別のタイプのキャラクターが必要だ。ここでは、その勇者を助ける4種類のタイプについて説明する。

魔法使い：勇者にとっての「メンター」や「支援者」「アドバイザー」的な存在である。勇者がなにかしらの危機に陥ったり、進むべき道を迷ったりしたときに、正しい方向性を示すことができる知性と経験を魔法使いは持っている。

また主人公がこれまで知らなかった「外の世界」「異界」へと通じるドアを開いてあげることもある。『ハリー・ポッター』でいえば魔法学校の校長を務めるダンブルドア、『指輪物語』ならば主人公とともに旅をして幾多の危機を魔法で救うガンダルフのような「老賢者」のイメージだ。

ビジネスの世界では、投資家や社外取締役、アドバイザー的な役割が求められるポジションに、この「魔法使い」タイプのメンバーがいることが望ましい。

エルフ：ファンタジー物語ではしばしば、「美しくて、若々しい外見を持ち、森や泉に住む妖精」のような種族で描かれる。多くのロールプレイングゲームのキャラクターにも登場するが、そのイメージを一言でいえば、チーム内における「優等生」である。
頭の回転が速く、客観的に物事が分析できて、「ちょっと待って。冷静に考えてみよう」というのが口癖のような人物になる。マーケティングの言葉でいえば「アーリー・マジョリティ」（平均的な人よりは、早く新しいものを取り入れるが、物事に対しては慎重に臨むタイプ）が、チームにおけるエルフ的な存在であると言えるだろう。

エルフはリーダーがぶちあげた「ビジョン」に対して、それを現実のものとするためには何が必要で、いつまでにどんなことを達成しなければならないか、クールに計算する。プロジェクトに現実感を与え、スケジュールに落としこむのがエルフの役目だ。「ロマンとソロバン」のソロバンの計算を一手に引き受ける存在であり、ビジネスにおいては「番頭役」と呼ばれる、きわめて重要なポジションのメンバーになる。『指輪物語』で言えば、まさにエルフがこれにあたるし、『ハリー・ポッター』ではハーマイオニー・グレンジャーがこれにあたる。『スタートレック』では、「船長、それは論理的ではありません」が口癖のスポックだ（スポックの耳が尖っているのはエルフのメタファーであろう）。エルフはどんな組織にも必要だが、エルフばかりのチームでは、プロジェクトをぶちあげても、今までの延長線上の結果にしかならないことが多い。つまり、エルフは「ハイスペックでも、コモディティ」ということに陥りがちである。エルフはそういう自分に常々疑問を感じているため、ときに情にほだされて大胆なことをしたり、勇者のビジョンに共鳴して「冒険」に参加してしまうのである。

ドワーフ：エルフと対照的な存在だ。ファンタジーにおけるドワーフといえば、「小柄だが力強く、大きな斧を振り回して戦闘に長《た》けている。また手先が器用で、優れた武器を作る鍛冶屋」というのが定番である。『指輪物語』にもドワーフが出てくる。

現実のチームにおけるドワーフ的なポジションは、企業でいえば「優秀な営業責任者」のような存在だ。リーダーに対してエルフの冷めた視点とは反対に、熱狂的な忠誠心を持ち、チームの持つビジョンの実現に向けて力強く行動していく。傷ついた仲間を癒やし、チームを俯瞰的に把握して、組織の秩序を自らが率先してつくり上げる。『ハリー・ポッター』では、ロン・ウィーズリーがこの役回りに近い。

またときには無茶なリーダーの指令にも黙って従い、どうにかして「つじつま」を合わせてプロジェクトを軌道に乗せていく。このようなリーダーの「懐刀」的存在がいる組織は、トラブルにも柔軟に対応し、数々の危機を乗り越えて最終的に成功することが多い。魔法使い、エルフとともに、よいチームには欠かせないタイプのメンバーといえる。しかし、ドワーフだけの組織も機能しない。ドワーフは目的合理適性よりも、楽しいこと、チームの和を重視する。そのためドワーフだけのチームは、組織の目的を忘れてお祭りだけをして終わってしまう。

トリックスター：最後の「トリックスター」はちょっと特殊な存在だ。しばしば神話や物語のなかで、トリックスターは既存の秩序をひっかきまわし、大人たちを怒らせ、権威的な存在をこき下ろす存在として描かれる。

『七人の侍』でいえば菊千代のように、サムライと百姓というまったく違う価値観、生き方をする集団を結びつける役割を果たすことも多い。

チームにおけるトリックスターの役割も、「既存の秩序」にとらわれず、ときにはそれを壊して新たな気づきをチームにもたらし、外部の「自分たちと異なるもの」とつながりを作ることにある。

トリックスターはふだんは必要不可欠な存在ではない。ときとしてトラブルを巻き起こし、チームに迷惑をかけることもある。だがその予想もつかない振る舞いが、チームの誰もが成し得ない「非連続の変化」をもたらし、圧倒的な力を持つ協力者とつながったり、強大な敵を倒す契機となることがあるのだ。

自分の属するチームに、この4タイプのようなメンバーがいるかどうか考えてみてほしい。それぞれの顔が思い浮かぶようならば、あなたのチームはきっと、生命力に満ち溢《あふ》れた魅力的な集団となっているはずだ。自分自身が、今のチームでどのような役割を担えばよいのかを考えるヒントにもなるだろう。ただし自分はこのタイプだ、と決めつけるのではなく、あるときは「トリックスター」、またあるときは「リーダー」と複数の役割を演じられるようになることが望ましい。

チームの解散、またはメンバーを辞めさせるとき

第1章でも述べたように、「よいチーム」は永続的な存在ではない。「組織のための組織」ではなく、目的のためにあるのが「よいチーム」である。それゆえに必要に応じてメンバーは入れ替わり、時が来れば解散することが宿命づけられている。それでは、どのようなときにチームから抜けたり、メンバーをやめさせたり、あるいはチームを解散したほうがよいのだろうか。

まず、ある特定の「目的」のためにチームがあるのだから、その目的の到達度がひとつの判断基準になる。目的が達成されたら、基本的にチームは解散だ。

ヒーローズ・ジャーニーでも冒険の目的が達成されたら、メンバーはそれぞれの故郷に帰っていく。また同じメンバーで違う冒険がスタートすることもあるが、基本的には冒険の終了が、チームの解散のときになる。

目的が達成されなかったとき、あるいは目的達成がきわめて困難である場合には、そこで解

散したり、チームから抜けるのもありだ。人は、一定の期間、頑張り続けていると、そこまでした努力を過剰に評価しがちだ。しかし、努力にもかかわらず、うまくいっていないときには、ゼロから新たにプロジェクトを組み直したほうがよい。

それでもなお、そのプロジェクトをやるということであっても、抜本的に見なおしてからのほうが、新たな気持ちで取り組めるだろう。

チーム自体が解散しない場合でも、チームの目的にコミットできなくなったら、そのメンバーはチームからは外れたほうがよい。世の中にはたくさんのプロジェクトがあるし、やる気のないメンバーの存在は、他のメンバーにも無気力を伝染させる。こうしたメンバーをプロジェクトから「卒業」させるのもリーダーの重要な仕事だ。

もう一つの判断基準に、チームに参加している各メンバーの「成果」という視点がある。チームは目的に対して、成果を上げるために存在している。だから、メンバーが目的にコミットして、努力しているにもかかわらず成果が上がっていないのであれば、そのメンバーは「卒業」させてしまったほうがよい。

その人の能力が低いわけではなく、むしろ環境や状況、必要とされている能力との「相性」が悪いだけのことはよくある。そういうメンバーをさらに頑張らせても、間違った方向の努力が大きくなるだけだから、成果は上がらず徒労に終わる。

ただし「相性」の悪さは、チーム内での役割を変えることで、あっという間に解決することもある。意外なコンバートで、役に立たなくなっていたメンバーを再生するのも、リーダーの大事な仕事だ。

以上、「目的」と「成果」という二つの基準は、相対的なものだ。「0か1か」デジタル的に判定はできないし、しばらくするうちに、目的自体が変わったり、環境が変化することもある。

しかしこれから述べる最後の基準は、絶対的な判断材料となる。この基準にメンバーが該当したら、絶対にチームから手を引かせないといけない。

それは、「倫理性」だ。世の中には本当にいろいろな人がいる。平気でウソをつく人、法律を平気で破る人……。こうした人に出会ったときに思い出してほしいのが、「ゴキブリ」理論である。

部屋でゴキブリを一匹見つけたとき、「たまたま一匹だけ部屋にまぎれこんだ」ということは、まずありえない。実際には家のどこかに巣があって、見つかっていないゴキブリがたくさんいて、たまたまそのうちの一匹が見つかったに過ぎないのだ。

不正も同じである。一つの不正行為を見つけたら、その背後にはまだ見つかっていないたくさんの不正行為が潜んでいると考えたほうがよいのだ。また、そういう人々は、善悪の判断基準が緩いので、本人が「これはグレーゾーンなんですよ」と強弁しているケースでも、客観的には黒も黒、即アウトであることが少なくない。

実際、私も過去に、「この人は危険だから、近づかないでおこう」と判断した人が、何年も経ってから事件を起こして、新聞紙上を騒がせるということが何度かあった。

悪事はたいてい、止める人がいなければ、行き着くところまで行き着いてしまうものだ。

「倫理」にかかわる問題は、自分が直接の当事者でなくても、参加者全員の評判に傷をつける。ある企業の粉飾決算の現場近くにいた会計担当者が、事件発覚後に、たいへん優秀であるのに、また直接の担当者ではなかったにもかかわらず、再就職ができずバイトをハシゴして、糊口《ここう》を凌《しの》いでいたという事例もあった。

だから「倫理」については、メンバー全員が、けっしてぶれてはならない強い軸を、心の中に持ち続けなければならないのである。

★冒険は「全員が未経験だから、やってみなければ分からない」。自らポジションを作り出せ。

★自分のラベルは自分を規定する。相手にあわせて、ステージにあわせて頻繁に貼り替えろ。

★「なぜあなたと仕事をしたいのか」をひとこ

とで言えるか。

★「ひとりの失敗が即「誰の責任か」ではなく、全員の失敗につながる」ことを忘れるな。

★あなたのチームに、勇者、魔法使い、エルフ、ドワーフ、そしてトリックスターはいるか？

第5章

チームアプローチはあなたと世界をどう変えるか

How does
the team approach
change "us" and
the world positively?

希望は本来
有というものでもなく、
無というものでもない。
これこそ地上の道のように、
初めから道があるのではないが、
歩く人が多くなると初めて
道が出来る。

希望本是無所謂有、無所謂無的。
這正如地上的路、其実地上本没有路、
走的人多了、也便成了路。

『故　郷』

アメリカの強さの秘密

2001年の同時多発テロと、それによってアメリカが火蓋《ひぶた》を切ったアフガニスタン紛争、イラク戦争は戦争終結宣言後に泥沼化し、今なおテロが頻発、安定的な国家運営への道筋が見つかっておらず、膨大な戦費によってアメリカの国力を削《そ》ぎ続けている。また2008年には、前年のサブプライム問題が発端となって投資銀行のリーマン・ブラザーズが倒産、アメリカが牽引してきた金融資本主義を支えてきた「信用」が崩壊し、世界金融恐慌の危機を引き起こした。

そのような国家的危機に何度も見まわれながらも、アメリカは今なお世界唯一のスーパーパワーとしての面目を保っている。1980年ころは、日本の追い上げにより自動車を始めとする産業が衰退したことから、「もうアメリカに学ぶものはない」などと主張する日本の評論家もいたが、この30年でアメリカはアップルやマイクロソフト、グーグル、フェイスブックといった世界的企業を次々に生み出してきた。

そのアメリカの力の源泉となっているのが、世の中の既存の価値観になじめない、ハミ出しものや冒険者をひきつける精神である。

アメリカという国は第1章で見たように、もともとイギリスという宗主国に対する反乱から始まった国だ。そのため国家自体に「反権力」な気風が漂っている。いわば海賊が政府を作ってしまったような国であり、優秀でありさえすれば、人種や出自を問われることなくどんどん新たなチャレンジのチャンスが与えられるのが、アメリカという国の強さの源泉と言ってよいだろう。

アメリカでは優秀な人にはそれに見合った魅力ある仕事が与えられる。私の知人のある日本人の若い青年は、名門工科大のひとつ、カーネギーメロン大学に留学し、学生時代にアップルとフェイスブックでインターンとして働いた。

彼はデザイナーとして非常に優秀で、学生ながら才能に溢れる男である。久しぶりに会ったときに「どんな仕事をアップルのインターンでやったの?」と聞いたところ、たいへん驚いた。「アップルではたいした仕事はさせてもらえなかったんですけどね」と話していたが、なんと彼が「インターンのときに作ったのがこれです」と指し示したのは、現在すべてのアップルのコンピュータに搭載されているスケジュールソフトの「iCal」に最近追加されたある便利な機能であった。学生の彼がデザインしたソフトが、今なお世界中、数千万台のアップル製コンピュータで動いているのだ。

さらに彼は、そのあとでインターンに行ったフェイスブックでは、スマートフォンで利用するときのアプリケーションのデザインを担当したと言う。

フェイスブックにとってスマートフォンへの対応は、企業の今後の成長を左右するものすごく重要な案件だ。そんな大切な仕事でも、「こいつはできる」と見なしたら、学生だろうがインターンだろうがやらせてしまう。そんな風土が当たり前のようにあるのだ。

彼は現在、フェイスブックの元COO（最高執行責任者）が立ち上げたQuoraという会社に引きぬかれ、そこでウェブサービスのデザインを仕事にして、その後また転職したらしい。

「いっしょに世界を変えないか」

Quoraの経営者は彼に「自社に来ないか」と持ちかけるにあたって、次のようなことを言ったそうだ。

「これまでのネットの世界は、情報の海のなかから自分に必要なものを探してくるために、検索の技術が発達してきた。フェイスブックはその次の段階として、現実社会の交友関係をネットに持ち込んだ。

これからのネットは、自分が知りたい、求めている情報を、それを知っている人から直接得られる世界になるはずだ。Quoraが目指しているのは、世界中の知識をここに集積することだ。君には、その知の集積のなかで人々が迷わずに自分の欲しい知識を得られるように、サイト全体をデザインしてほしいんだ。チャレンジしてくれないか」

グーグルやフェイスブックに取って代わるサービスをいっしょに立ち上げよう、というのだ。これほどやりがいのある仕事はない。ウェブデザイナーで、このようなオファーを受けて奮い立たない人はいないだろう。

「ぜひとも仲間に引き入れたい人物」がいるときに、アメリカの企業経営者はこのように「大きなビジョンやテーマ」をその人に与えることがよくある。

その仕事の未来にある「社会的インパクト」と、「その達成のためにあなたの力がどれだけ必要か」ということ。この二つを提示して、「世界を変えるようなビッグビジネスをいっしょにやろうぜ」と持ちかけるのである。

このようにしてアメリカのIT企業は、優秀な人間には年齢も性別も人種も何も関係なく、とことん責任のある仕事をさせる。その結果、世界の誰も思いつかなかったようなサービスを次々に生み出す。

現在インターネットの覇者として君臨するグーグルでは、優秀な新人技術者向けの特別なプログラムがある。いつでも自分の考え出したサービスを経営のボードメンバーに提案でき、それが認められれば開発チームを編成してプログラマに指示を出してサービスを開発することができる。そういう土壌が用意されているのである。

さらにグーグルやフェイスブックのリクルーティングがすごいのは、数百人単位で優秀な学生をインターンとして採用し、彼らに社員とまったく同じ仕事をさせるところだ。インターン中に目覚ましい仕事をした学生にはすぐに採用のオファーを出す。そして「世界を変えるサービスのアイディアを出してくれ」と求めるのである。

そのような企業で頭角を現し活躍する学生と、日本の大企業を手当たり次第に受けては「エントリーシートの自己ＰＲがうまく書けない」などと悩んでいる学生では、はっきり言って勝負にならない。レベルがまったく違いすぎるのである。

アメリカの強さはこのように、できる人間にわけの分からない「下積み」作業をさせないことにある。人を育てるためには、アメリカのＩＴベンチャーのように、いきなりトップスピードの現場に放り込むことがいちばん早い。

日本企業の多くは、新入社員に対してまるで大人になるためのイニシエーションであるかのように、「名刺を一日で50枚集めてこい」とか「ビルを上から下まで飛び込み営業してこい」などといった無駄な仕事や研修をさせる。そういう馬鹿げた意味がないことをやっているから、勝てないのである。

今苦境にあえいでいる日本の家電メーカーも、本気で再び世界市場で勝ちたいと思うならば、新入社員もベテランも関係なく、「iPhoneの市場をすべて奪う新商品のアイディアを10個持って来ること」「来年100億の売り上げが立つ新商品の企画を5個考えること」といった課題に取り組むべきだ。そして出てきたアイディアのなかで少しでもやってみる価値があるものがあれば、それを実行するべきなのだ。

今の日本企業には、そのような「志が大きなチャレンジを数多く繰り返す」という姿勢が欠けている。だからかつてのウォークマンのような革新的な製品が生み出せずに、どうでもいいような付加機能を〝てんこ盛り〟したモデルチェンジ商品ばかりが発売され続けるのである。

実はマッキンゼーという会社で働くコンサルタントに求められるのが、上記のような思考に基づきアイディアを出すことだった。私が経験した例で言えば、ある売り上げ数兆円を誇る企業の金融子会社がクライアントとなり、「何でもいいので年間で10億円ぐらい利益が出るアイディアを5個ぐらい出してください」というオファーが出されたことがあった。

われわれのチームはその会社が持っている資産と市場におけるポジションを徹底的に調査し、1ヵ月後に「まだ他社がやっていない××分野の証券化ビジネスに乗り出す」「グループ会社でばらばらに行っていた決済をまとめて肩代わりする」などのいくつかの方法を提案した。その提案のひとつであった決済の取りまとめが現実に採用されることになり、数年かけて実行されることになったのだが、年間で数十億円のコスト削減効果を生むことができた。

バクチを厭わないアメリカの企業

スタンダード・オイルを設立し、アメリカの石油王として知られるジョン・ロックフェラーは、商品の価格を同業種間で拘束して利益を出す「カルテル」の元祖のような人物である。石油王というと、どこかに大きな油田を掘り当てて成功したようなイメージがあるが、そうではなくて、彼は石油の価格を決めたことで大成功したのである。

ロックフェラーが乗り出すまで、石油の値段は大幅に乱高下する不安定な商品だった。彼は

「自分に原油を売ってくれたら必ずこの金額以上で買い取りますよ」と油田の持ち主に持ちかけ、石油価格の乱高下に悩んでいた卸売業者にも、常に決まった価格で卸すことを約束した。彼はその石油売買のネットワークを構築することで、価格決定権を握ることができたのだ（自分の会社に「スタンダード」という名前をつけたのも、「自分たちこそが石油についてすべてを決める」という意思の表れだ）。

ロックフェラーはカルテルからスタートして、ライバルの石油会社を次々に買収・合併していき、その結果石油市場の90％を握るまでになる。そして1890年に米国最初の独占禁止法である「シャーマン法」ができるまでボロ儲けを続けたのである。

ロックフェラーの登場まで、石油採掘は非常にリスキーなビジネスであったが、これによって商売の未来が見通せるようにもなった。同時期のアメリカで進行していた石炭から石油へのエネルギーシフトの波に乗り、アメリカという国家自体が躍進するきっかけをも作ることになったのだ。ロックフェラーのように、えげつなく富を追い求めるタイプのアメリカ企業は珍しくないどころか、アメリカの産業のDNAとして形を変えながら脈々と受け継がれている。

アメリカのすごいところは、ひとつの産業の隆盛が終わっても、次々に「タマ」を変えて繁栄を続けてきたところにある。鉄鋼の次にアメリカを支えた石油産業に陰りが見えたら、次はフォードによる自動車産業が急伸する。そして電気機器やインフラ、プラスチックやケミカルなど素材産業を主力としたGE（ゼネラル・エレクトリック）が伸び、その次にはIBMに代表される電子機器の時代が来る。

さらにインターネット、金融、医療（バイオ）とテーマを変えながら常に世界経済のトップを走り続けている。

その裏側には常に「自分たちが市場のルールを作る」という強い姿勢がある。その一例として、穀物市場の大手企業、モンサントが挙げられるだろう。モンサントは全世界の遺伝子組み換え作物のタネで、90％を超えるシェアを握っているが、同社がDNAをいじって作った綿花のタネは、除草剤や病害に強い特徴を持つと同時に、次世代に種《しゅ》を残すことができない。

だからそのタネで作付けをしている限り、永続的にモンサントからタネを買い続けなければならなくなる。このようなある意味えげつなく、抜け目ない商売を世界中で展開しているモンサントは、ロックフェラー財団の援助を受けて研究開発を行っているのである。

アメリカの企業に共通するのが、「バクチを厭《いと》わない」ということだ。近年世界で伸びているアメリカの企業といえば、ファイザー製薬に代表される医療・製薬会社だが、石油の採掘も、新薬の開発（製造し臨床試験を経て実用化される新薬は、千にひとつ、いや、万にひとつあるかないか）も、バクチである。バイアグラも研究過程で生まれた薬品で、製品化したところ大ヒットした。極論すれば、資本主義というのは誰かがバクチをすることが必要で、そのための仕組みなのである。

非公式な組織に所属せよ

私は日本の企業で働く人々も、アメリカの企業のチャレンジ精神を見習って、どんどん「ハイリスク・ハイリターン」の試みをすべきだと考えている。「そんなバクチのような働き方はどうなのか」と考える人もいるかもしれないが、成功するかどうか事前には誰も分からない。「冒険」に出たものだけが、大きな果実を手にすることができるというのは、大航海時代と何も変わらない。それが情報革命によって21世紀に初めて日本に上陸した〝むきだしの資本主義〟の本質なのである。

新たなチャレンジも、会社の内部で試みることが難しければ、会社の外部で仲間を作り、実行していかなければならないだろう。

私が述べたチームアプローチの手法はそれに大いに役立つはずだ。

組織には「目に見えるもの」と「目に見えないもの」がある。

会社でいえば、前者の代表が「部署」であり「○○委員会」や「○○プロジェクトチーム」などの会社から公的に認められている組織だ。

だがそれ以外にも、あなたのまわりには「目に見えない組織」があるはずだ。公的には認められていない若手社員だけの勉強会、または同業他社との情報交換会、業界横断的な交流会など、社内・社外に非公式なネットワークがきっと存在する。えてして公的な組織のなかで話されていることよりも、そのような非公式組織のなかで話される情報のほうが、本質的に重要で自社や業界の動向をいち早く捉えていることは少なくない。

大切なのは、「冗長性の少ないネットワーク」をなるべく多く持つことだ。冗長性とは情報科学でよく使われる言葉で、「無駄や重複がある状態」のことを言う。つまり「冗長性の少ないネットワーク」とは、自分がこれまで所属してきたネットワークと、重なる部分が少ないネットワークのことだ。

より簡単にいえば「自分のことを知らない人たち」ばかりがいるネットワークのほうが、自分にとって価値が高いということである。

自社だけの狭い組織で働き続けていると、「自社の常識は他社の非常識」の状態に知らず知らずに陥っている。「他業界の常識」については、その存在すら知ることができない。だが自分とまったく関わりがない集団に入れば、自然と「外部」の価値観を知ることができる。

第2章では「ウィークタイズ」の実例として、「古文書研究会というつながりが透析患者のバス移送という困難なプロジェクトの成功要因となった」ことを紹介したが、そのような知的レベルが高い人々が集まる文化サークルや趣味の集まりは、日本のどの都市部にも探せばあるはずだ。そういう仕事とは一見関係のないコミュニティに入ってみる（そしてダメだったらすぐ抜ける）ことは、明日からでも実行可能で、具体的なネットワークの構築方法となるだろう。

本業とは一見するとまったくつながりそうにない外部のネットワークが、ものすごく仕事に役立つということもよくある。

私は仕事の傍らに、「全国教室ディベート連盟」というNPO団体の運営にも携わっている。同団体は全国の中高生にディベートの正しいやり方を知ってもらうことを目的に設立され、年に1回、全国大会である「ディベート甲子園」というトーナメント戦を主催している。私は東京大学の学生時代に弁論部に所属していたことがきっかけで、このNPOの立ち上げ時から中心スタッフとして関わることになった。ディベート甲子園に関わっているのはあくまでボランティアであり、まったくそこから報酬を得てはいない。だが私はディベート甲子園の運営に深く関わることによって、他の大学の研究者とのつながりや、メディア関係者との交流など、非常に多くの仕事上に役立つネットワークを獲得することができている。

自分のまわりのあらゆるネットワークを総動員して、非公式な組織を立ち上げて、そこで業務外の時間を使ってでも成果を生み出すための活動を行ってみること。そんな小さなチャレンジが増えていけば、日本は変わっていくはずだ。

東京大学で始まる「Lobby」活動

私自身が取り組んでいる非公式な組織の例をもうひとつ挙げよう。

昨年、ゼミを持っていた東京大学で、ゼミ卒業生の学生数名から「アドバイスをいただけないでしょうか」と要望があり、政治サークル「Lobby」の立ち上げに協力することになった。

この団体は、既存の政党やＮＧＯとはいっさい関係を持たない、純粋な学生のサークルである。政治サークルと言っても、１９６０年代から70年代にかけて多くの大学に存在した、政府や大学当局に対して反対運動ばかりやっている左翼サークルのようなものとはまったく違う。

われわれのサークルがミッションとして掲げるのは、「ロビイング」である。

ロビイングとは、日本語では「ロビー活動」とも呼ばれている。ある特定の目的を達成するために、その領域で力を持っている政治家や管轄している行政機関に対して働きかけを行い、法律の改正をはじめとして現実に「変化」を促す活動を指す言葉だ。

私たちのサークル「Lobby」の設立目的も、「具体的に、現実的に、社会によき変化をもたらすべく考え、行動する」ことに置いている。

私が教える大学の授業では、現実社会でおきているさまざまな問題を取り上げる。政治や経済のひずみが引き起こしているそれらの問題を、「机上の学問」だけに終わらせるのはあまりにもったいない。そこで学生のうちから主体的に関わりを持って、官公庁や地方公共団体、各政党や個人の政治家、メディアに対してさまざまな働きかけを行い、問題の解決を促していくのである。

サークルは設立してまだ2年目だが、さまざまなプロジェクトが動きはじめている。その取り組みのひとつとして進行中なのが、「関東のある県内におけるＡＥＤ（自動体外式除細動器）の設置の推進と、その使用に関する知識の啓蒙活動」だ。

ＡＥＤとは簡単にいえば、「医師以外の人でも、心肺が停止しかけている危篤状態の人に電気ショックを与えることによって、救急治療ができる機械」である。最近では学校や公共施設、大きな体育館など、多数の人々が集まる場所によく設置されている。

使い方は簡単だ。設置ボックスから取り出し、機械のスイッチを入れると、コンピュータが音声で「胸にパッドを当ててください」といったように具体的に指示を出してくれる。電気ショックが必要かどうかも、内部のコンピュータがパッドについたセンサーで心電図を自動的に解析してくれ、その指示に従って、2〜3のスイッチを押すだけで、誰でも使用することができる。

なぜAEDの設置の推進と啓蒙活動が急務となっているかといえば、「日本では救急車が到着するまでに失われる生命が多いから」というのが理由だ。

日本では現在、救急車を呼び出してから現場に到着するまでの時間が、平均して7分かかる。だが心筋梗塞や交通事故などによる心肺停止など、一刻を争う事態のときには、その7分間の間にできるだけ早く、適切な治療をできるかどうかが、患者の生命を左右するのだ。

心肺が停止した場合は一般に3分間で50%の人が死亡し、その後1分が経過するにつれ死亡確率は10%ずつ上昇していく。それゆえに救急車の到着前に、AEDを使用して心肺が蘇生することによって助かる生命は、使わなかった場合の数倍にのぼるのである。

ところがまだまだ日本では、ＡＥＤの普及率は高くない。それ以上に問題なのが、一般の人への啓蒙活動がまったく不十分であることだ。

近年では企業や学校などで使い方の講習が行われるケースも増えてきているが、国民の多くはＡＥＤがどんなものなのかも、自分たちが緊急時にそれを使用することが望まれていることも知らない。またＡＥＤを使用した場合でも患者の生命が失われてしまったら、「自分の責任となるのではないか」と恐れてしまい、せっかく機器がその場にあるのに使われないケースもある。

そこでわれわれ「Lobby」は、ある関東の県に働きかけて、自動車の運転免許の更新のときに全免許保持者がＡＥＤの講習を受けるように条例化することを目指している。国ではなく都道府県レベルの地方自治体をターゲットにしたのは、そのほうが動きが早いからだ。ひとつの県での試みが成功したら、次は別の都道府県に「〇〇県モデル」として水平展開していこうと考えている。

このＡＥＤに関する現状の問題について、発見したのはサークルに所属する学生であり、どうすれば使用が促進されるのか、状況をリサーチして解決手法を考え出したのも彼らである。行政への交渉も学生たち自身で行い、なるべく早く条例化するところまで持っていこうとしている。このような経験を学生のうちから積んでおけば、社会に出てからも「どうすれば世の中を動かしていくことができるのか」、迷うことがなくなるだろう。

このような「具体的で、かつ直接的に人々の役に立つ問題」を解決するのが「Lobby」のミッションだ。私がコピーを考えた、サークル勧誘のチラシには、「意識高いで終わらせない」「大学では、〝カビの生えた知識〟じゃなくて人の役に立つことを学びたい」と書いた。設立2年目の若いサークルだが、今年からは東京大学だけでなく、早稲田や慶應、中央大学、立教大学など、他の大学からも学生が参加するようになった。

「Lobby」に参加する学生たちは「より多くの人にとって住みよい社会」の実現に向けて、多数の人々との「見えないネットワーク」を構築するスキルを磨きながら、卒業してからも社会を引っ張っていくことができるリーダーとなることを目指していく。

ゲマインシャフトからゲゼルシャフトの社会へ

ここからはさらに大きな視点で、これからの日本に求められるチームについて考えてみたい。

「ゲマインシャフト」と「ゲゼルシャフト」という言葉がある。

ゲマインシャフトというのは、地縁や血縁など、人間が生活していくなかで自然発生的に生まれてくる社会集団のことを指す。

地縁にしろ血縁にしろ、この関係は、自分が生まれた時点でほとんどが決まっている。そのため事後的に自らの意志で、それらを変更することも、逃れることも基本的には難しい。その縁を増やしていくことも、完全に消すことも困難である。

地縁からはその生まれた地から離れて暮らすことで、血縁からは離婚や縁を切ることで逃げることはできるかもしれないが、そのためには生活面や経済面で大きな犠牲を払わねばならないのがふつうだ。

身分制度と村落共同体によって、職業や婚姻、移動の自由がなかった江戸時代までの日本は、典型的なゲマインシャフト的社会である。

ゲマインシャフトに対してゲゼルシャフトというのは、「ある目的を持った人々が、その目的を達成するために集まった社会集団」のことをいう。何かの目的があって作られるものだから、いくつもの集団に同時に所属することもできるし、その目的が必要なくなったり、組織がダメになったらいつでも解散したり脱出することができる。

私はこれからの日本において快適に働き、生活していくには、ゲマインシャフト的な社会集団にこだわるのではなく、ゲゼルシャフト的な集団をいくつも作り、複数のそれに所属していくことが必要であると考えている。

家族というのは典型的なゲマインシャフト的組織であるが、それもゲゼルシャフト的な視点で再度、捉え直してみる必要があるだろう。

家族との関係性で悩んでいる人は多いが、その理由は、その構成員である人々が「母親」や「妻」というひとつのアイデンティティしか持っていないことが大きい。女性が学校を出て就職し、しばらく働いたあとで結婚し、家庭に入る。そして母親としての役割を果たすことだけが自分の使命である、という社会の枠にはめられてしまうと、自分を評価する判断基準が、「子どものパフォーマンス」だけになってしまう。

そのため子どもの学業成績が悪かったり、習い事のおぼえがよくなかったりと、自分が理想とするようなパフォーマンスを発揮してくれないと、全人格が否定されたような気になってしまうのである。

成績を上げようと子どもにさらなる圧力をかけて努力させても、そのような無理やりなプレッシャーがよい結果を生むわけがない。子どもは経済的に家庭から逃げ出すことができない。出口がない場所で圧力をかけ続けられたら、いつかは破裂する。

両親が高学歴で社会的にも成功している家庭の子どもが、不良となったり親と折り合いが悪くなって学校をドロップアウトしてしまうケースは少なくない。２００６年には、医師の息子が、父親から勉強を長年にわたって暴力的に強制されたことが理由で自宅に火を点け、母親と妹、弟の3人が死亡するという事件がおきた。これも逃げ場のないところに子どもを追い詰めた結果である。

家族というものは自然発生的に生まれるものだからといって、ゲマインシャフトの関係に固執することは、結果的に大きな不幸をもたらしかねないのである。


町内会とか自治会、学校のＰＴＡや地域の教会、クラブ活動や出身校ＯＢ会も、自然発生的に存在しているもの、地域に密着しているものという観点からすれば、ゲマインシャフト的な面があると言える。

それらの組織もうまく機能させるには、ゲゼルシャフト的、つまり目的指向性を持たせることが重要となるだろう。単に同じ学校の卒業生だから、という理由だけで定期的に飲み会を開いていても、だらだらと酒を飲んでいたのでは、何の刺激も受けないし、集まるメンバーはどんどん自然に減っていく。

メンバーを固定化させずに、常に新しい人を呼び込みたいのであれば、「ＯＢで起業して成功している○○さんを呼んでトークイベントを開催しよう」とか、「みんなで原稿を持ち寄って会報を作ろう」といった「目的」を共有し、それを実行することで、つながりをたえず更新していく努力が必要となるのではないだろうか。

自然発生的に集まった「なあなあ」の関係のゲマインシャフト的な集団を、目的がきちんとあるゲゼルシャフト的な集団へと転換していくこと。それがこれからの日本社会において、大切となってくると私は考える。

いじめがおこる社会の特性

ゲゼルシャフト的な組織は、目的ありきのチームであるがゆえに、人間関係はゲマインシャフト的組織よりもドライだ。

だがそれゆえに、ウェットな心理的なトラブル、代表的な例で言えば「いじめ」のような問題はおこりにくい。

いじめという現象は、村社会に代表されるゲマインシャフト的組織でおこる典型的な問題である。いじめは「そこで暮らしていくしかない人たち」が、自分たちの集団の「同質性」を確認するために、定期的にわずかな差異を持つ人を探しだして叩くという一種の「儀式」だ。

だから特定の人がターゲットとなっても、その人がその場から去れば、周期的に別のターゲットをランダムに見つけ出して繰り返し行われる。いじめの対象を見つけ出す理由は何でもいいのである。

なぜならば、いじめが、いじめとして機能するための重要なポイントは、「次に誰がターゲットになるか分からない」ということにあるからだ。

幸いにして今のところは自分がターゲットにはなっていない。しかし、いつ自分が標的となるかは分からない。だからなるべく目立たないように、他の人たちと同じように振る舞って、突出しないようにする。組織の同質性が高まっていく圧力は、そのようにして上昇していくのである。

この「次のターゲットを明示しない」というやり方は、絶対権力が支配する社会の統治システムにおいても巧妙に使われてきた。かつてスターリン政権下にあったソビエト連邦で暮らす人々は、全員が秘密警察に連行されることに怯えながら暮らしていた。秘密警察が市民を連行する理由はけっして明らかにされない。隣で暮らしていたふつうの家族が、ある日突然、一家揃っていなくなる。それを見た人々は震え上がり、「今度は自分たちの番ではないか」「けっして当局の目にとまらぬように、おとなしくしていよう」と胸に誓う。

スターリンが長期にわたってソビエトを支配した権力の源泉こそが、この「予想の不可能性」だったと言って間違いない。権力者がその権力を暴力的に市民に対して振るうとき、そのルールが明確になることは、権力を失うことに直結する。

なぜならば「処罰のルールが明らかになる」ということは、それに対応することができるようになることを意味するからだ。もっとも怖い権力というのは、「処罰の理由が分からない」社会なのである。

だから自由主義の社会は法律で予測が可能で、罪刑法定主義であることが絶対の原則となる。何が罪で、どういうことをするとどれぐらい罰せられるのか、あらかじめ決めておくことが自由な社会の基本なのだ。そのつど罰則が王様の気ままに決められてしまったら恐ろしいことになる。

いじめは昔からどこにでも存在する。いじめの原因を高度経済成長のひずみや、核家族化によるコミュニケーション不全などが理由に語られることがあるが、私はそうは思わない。

いじめの原点は「狭い人間コミュニティ」であり、江戸時代に盛んに行われた「村八分」もいじめの一種にほかならない。現代のブラック企業でも営業成績の悪い社員を、上司が見せしめのようにしていじめるが、それも組織の同質性を保持するために行っていると言えるだろう。

カリスマから群雄へ

世の中が暗澹《あんたん》とした空気に覆われ、どこにも希望が見えなくなったときに、人々はえてして自分たちを救い出してくれる「カリスマ」のような存在を求める。

日本のこれまでの弊習を「グレートリセット」するというスローガンを唱えて政治勢力「日本維新の会」を立ち上げ、急激に多くの民衆の人気を集めた大阪市長の橋下徹共同代表などは、まさにカリスマ型を志向するリーダーと言えるだろう。

だがそのようなカリスマ型リーダーに引っ張られる社会集団は、権力が一点に集中することを避けられないがために、やがてリーダーの顔色ばかりを窺う典型的な「官僚タイプ」の人間が幅を利かせるようになり、制度が硬直化し、あっという間に活力を失っていくことが避けられない。

これからの時代に求められるのは、「ひとりのカリスマ」ではなく、「群雄」だ。

絶対的権力を持ったたったひとりのリーダーが、組織のすべてを掌握し、トップダウンで指令を与えるのではなく、分散したいくつものチームがそれぞれの場で、最適な戦略をとって生き延びていくことだ。

この分散型チームの強さについて、『ヒトデはクモよりなぜ強い　21世紀はリーダーなき組織が勝つ』(オリ・ブラフマン／ロッド・A・ベックストローム著、日経BP社刊)という本では、「クモは八本の足があるが頭を潰されれば死んでしまう。だがヒトデは二つに切られても、それぞれがまた一匹のヒトデとして再生し生き延びる」という比喩で説明する。

同書はそのなかで、AT&Tが独占していたアメリカ国内の通信事業をインターネットによる音声通話で開放したSkypeや、自らは営業活動をいっさいせずインターネットオークションという仕組みをネットユーザーに提供することでオンライン通販で大成功したeBay、またアメリカ政府とアルカイダとの戦いなどを例に挙げながら、「巨大なリーダー」が存在せず、権限が分散することによって組織が強くなる事例を紹介している。

日本が長年キャッチアップの対象としてきたアメリカ合衆国という国の強さの秘密も、じつは「小さなリーダー」を育てる文化にある。クリントン大統領はアーカンソー州の州知事を務めてから大統領に立候補し、現在のバラク・オバマ大統領もそのキャリアをシカゴの貧民層の声を行政に届けるコミュニティ・オーガナイザーからスタートしているのである。

振り返ってみれば、この日本もかつて「群雄たち」が国家の基礎をかたちづくったと言える。19世紀後半、インドや中国など次々とアジアの大国を侵食していった欧米列強に抗して独立を守り、日本の近代化を推し進めた明治政権は、強力な中央集権国家だった。しかし江戸幕府を倒し、この革命的な新政権を樹立した若き「群雄たち」を育《はぐく》んだのは、270にものぼる各藩独自の多様な文化を開花させた、江戸幕府(幕藩体制)という地方分権型国家だったのである。

戦後つくられた中央集権システムが行き詰まり、社会保障をはじめとする国家のインフラがきしみ始めている現在の日本も、また「群雄」の登場が求められる時代となった。

現実に日本のいくつかの地域では、中央省庁の監督のもとではとうてい不可能と思える実験的な行政を試み、地方財政を健全化することに成功したリーダー(首長)が出てきている。これからの日本もアメリカのように、地方で実績をあげて力を蓄えたリーダーが、中央政界にデビューして辣腕《らつわん》をふるっていくことになるのだろう。

なぜナショナリストには貧しい人が多いのか

私がゲゼルシャフト的な社会により日本がシフトしていくことを望むのは、近年の日本が「閉じた社会」「モノカルチャーの社会」の方向へと行きかねない懸念があるからである。

そのひとつの現れなのが、ネットなどで在日外国人に対して差別的な発言をしている人々の増加だ。ツイッターなどで他人に対して「売国奴」とか「非国民」といった言葉を使っている人々の発言を観察していると、彼らの多くがキャリアにもスキルにも誇るべきものがなく、人付き合いなどのヒューマンスキルにも乏しい人たちであることがうかがえる。

2013年5月、MSN産経ニュースwestの「衝撃事件の核心」に興味深い記事があった。在日外国人に対してヘイトスピーチ(憎悪感情で排除、差別を助長する言動)を繰り返していた関西の右派系市民グループのメンバー3人が、アパートの電気代を踏み倒し、82歳の男性へ暴行し、博物館への脅迫を行ったとして、それぞれ恐喝容疑などで相次いで逮捕されたのである。

3人のうち電気料金を踏み倒そうとしたのは少年で、「俺は、右翼やっとんねん!」と集金係を脅したというが、活動歴はほとんど把握されてなく、思想的な背景もなかった。少年は仕事が長続きせず、逮捕された他のメンバーは親の年金で暮らしていたという。記事は〈ストレスのはけ口を求めるための活動ならば、それが在日韓国・朝鮮人に向かうこともあれば、集金係やお年寄りに向かうこともまた、あり得る。彼らの内にあったのは他人への敵意だけなのかもしれない〉と手厳しく結ばれた。

欧米でも移民排斥や人種差別を行う団体の活動は、若年失業者などの経済的不満がエスカレートしていったケースが少なくない。海外でも、社会の不寛容は、経済問題と水面下でつながっているのである。

彼らはグローバル化する世界のなかで、自国でしか生きることができず、自国に留まらなければ生活できない。そのため自分たちの「取り分」が減ることを極度に恐れて、自己を守るために他者を攻撃するのである。

ナショナリズムに固執する人は、貧しい人が少なくなく、ほとんど社会のなかでは底辺に存する。これは世界各国に見られる傾向だ。なぜ貧しいとナショナリズムに走るのかといえば、自分に自信を与えてくれるものが、「国家」以外にないからだ。

職場も学校も属する社会のコミュニティも、自分にとって満足するものではなく、できればそこから抜け出したいと思っている。しかし自分の力では抜け出せそうにない。だが少なくとも、一流国である日本国の国民ということだけは確かだ。日本人であるということには、何の努力もいらない。国籍こそが唯一のアイデンティティの拠り所なのである。だからヘイトスピーチを繰り返す彼らは自分の国籍というアイデンティティを確認するために日本にいる外国人を激しく排撃するのである。

その一方で彼らの鬱積した憤懣《ふんまん》を「利用」しようとするものもいる。政治家にとって、カネがかからず、全有権者をターゲットにでき、公約違反も外部要因にできて、永遠に解決しないためにずっと政治課題のままにできる、夢のような政策がある。それこそが「ナショナリズム煽り」だ。

私は講演の冒頭などで聴衆に「ワイマール共和制について聞いたことがある人はいますか?」と質問することがある。ワイマール共和制とは、1919年第一次世界大戦の終結後にドイツで生まれた政治体制のことを言う。戦争によって荒廃したドイツの社会を立て直そうと、ワイマール共和国では議会制民主主義をとり、「20歳以上の男女による普通選挙」を定めるなど、当時の世界でもっとも民主的で自由主義的と言われる「ワイマール憲法」を制定した。

ところがハイパーインフレによる経済の混乱により、ドイツの社会情勢は年々不安定となっていき、左右両翼からのクーデターや政府要人の暗殺が続く。1929年に世界大恐慌がおこるとドイツ国中に失業者が溢れかえり、人々の鬱積した不満を背景にヒトラー率いるナチス党が躍進、１９３３年には全権力を握ることになった。世界でもっとも自由で民主的で理想的な政治体制と言われていた国から、後にホロコーストという人類の歴史上でも最悪の事態を引き起こす集団が生まれたのだ。

　私はバブル崩壊から20年が経ち、東日本大震災と福島第一原発事故という大災害に見舞われ、政治と経済の低迷が続き人々から自信が失われている今の日本が、かつてのワイマール共和国の姿に重なるように思えてならない。だからこそ、社会の全員がひとりのカリスマ的なリーダーに従うのでなく、数多くの「群雄」が率いる小さなゲゼルシャフト的集団を作る必要があると考えるのである。

　いつの時代にも世の中に一定数、レイシストや排外主義者が存在することは避けられない。しかし彼らを一定の割合以上に増やしてしまってはならないと私は考える。過去の日本は、過った道に踏み込んでいった結果、アメリカと中国という二つの大国と同時に戦争を遂行するはめになり、３００万人が生命を落とし、２発の原子力爆弾を落とされ、国中が焦土となった。同じ愚を二度と繰り返してはならないのである。

『三丁目の夕日』の世界に戻ってはいけない

日本の高度経済成長前夜であった時代、1960年代の東京の姿を描いた『ALWAYS 三丁目の夕日』という映画がヒットした。貧しくとも人々の顔には笑顔があふれ、狭い家ながらも隣近所の人たちとの温かい交流がある暮らし。今の日本に失われてしまったコミュニティが、たしかにあったことを思い出させてくれるこの映画は、その時代に少年期を過ごした中高年層の心を捉え、パート3まで制作されることになった。

だがしかし、1960年代がこの映画で描かれているような明るく元気な時代であったかといえば、それは大きな間違いだ。

『三丁目の夕日』はかつての日本を美化しているが、実はその当時は、かなりの人々にとっては辛《つら》い、ときには悲惨とも言える時代だったと言える。

昭和36年(1961年)、青森から集団就職で上京し、江東区の米屋に就職したひとりの青年の日記を引用しよう。

俺だって本当は家には帰りたくないや。決定当時から米屋は嫌だった。こちらの新聞には色々と募集が出ている。東京に慣れてさえいれば、とっくに米屋なんか辞めてるだろう。俺はどんな苦労したって高校の資格をとる。高校へ進学する奴の顔を見て唇をかんだ時もあったけど、俺は母ちゃんを怨まない。今年一年は最低の暮らしをしなきゃ。東京へ来て一年そこらで立派になれる訳はない。来年は俺も学校に入らなきゃ。家が貧乏だからなんて云ってはいられない。あとは一人で生きて行くんだ。

「一人で生きて行く」と決意した青年には、両親の離別でちりぢりになった7人きょうだいがいた。この青年の後を追うように、東京オリンピックが開かれた翌年の1965年、すぐ下の弟が、15歳で集団就職して上野駅に降り立つ。彼の名前は永山則夫。永山少年は、父母に捨てられ食べ物にも不自由した故郷で犯した、たった一度の非行歴の発覚に怯えて職を転々とし都会の孤独と貧困の底で喘ぐ。この日記が兄によって書かれた7年後、ピストルを握りしめて4人を射殺し、死刑囚となる（右日記引用は『永山則夫　封印された鑑定記録』岩波書店刊より）。獄中で事件を深く罪を悔い、文章を書くことで自分を見つめる術《すべ》を見出した永山は、「事件がおきたのは自分が無知だったからだ。無知なのは貧乏だったからだ」と述懐している。

貧困こそが人間から人間性を奪い、人を不幸にする最大の原因となるのだ。

映画『三丁目の夕日』でも、登場人物の茶川先生が好きになる女性は、父親の借金のかたにストリップ劇場に身売りされる。ヒロインの堀北真希演じる六ちゃんは、東北から口減らしのために東京に出されたという設定だ。

「あの時代に戻ろう」という人がいるが、『三丁目の夕日』の時代に今さら戻ることはできないのである。いや、戻ってはいけないのである。

貧困は人から「逃げ道」を奪う。長時間のきつい労働が強制されるブラック企業でも働き続ける人がいるのは、そこで得られるわずかな給料がなければ、その人は暮らしていけないからだ。

これからさらに日本という国が貧しくなっていけば、そこから逃げ出せる人、およびネットワークを分散して持っている人と、ひとつの場所から離れられない人の間の差が、ますます広がっていくことは間違いない。

世界から人々がやってくる国に

ゲマインシャフト的な日本から、ゲゼルシャフト的な日本に転換することは、土地や血縁に縛られた社会から、人々の関係性に基づく緩やかな社会への変化を意味する。そのような社会は、外国から来る人々にとっても、より住みやすく快適な場所となるはずだ。

世界中から「日本に住んでみたい」と考える人がやってきて、肌や目の色の違う「新しい日本人」がこれからの日本を作っていく社会。インドからやってきた「新日本人」が武士道について語ったり、フランスから日本のオタク文化に憧れてやってきた留学生が、世界に向けて大ヒットアニメを制作するようなことが、当たり前になっていかねばならないと私は考える。

世界中から日本にやってきた人が、逆に「純日本人」に対して「君たちは日本人のスピリットを失っていないか」と叱るぐらいになるべきなのである。

実はそのような国がこの世界にすでに存在する。それこそがアメリカである。ふつうの国の成り立ちは、昔からそこに住んでいる人間がいて、何となく社会ができて、それが国として成立していくというのが一般的な過程である。それに対してアメリカという国は、「まず国家理念ありき」で作られた。

アメリカは今もなお毎日のように、次々と「新しいアメリカ人」が外国からやってきて、彼らは「本当のアメリカはこういう国のはずだ」と主張をする。そのことによって、アメリカの持つスピリットが洗練され続ける。

現在のオバマ大統領も父親はケニア出身で、ハワイで生まれたあとはずっとインドネシアで暮らしていた人で、アメリカのゲマインシャフト的な共同体にはまったく所属していなかった。だがそのような出自であるがゆえに、オバマはゲゼルシャフト的なアメリカの本質を身につけることができたと言えるだろう。アメリカはゲゼルシャフト国家だからこそ、世界中から多くの人を引きつけ続けるのだ。

日本がこれから目指すべきは、たとえば中国の大学に通う最優秀の学生が、「日本のアニメの『NARUTO』が好きだから留学することにしました」「AKB48が好きで日本語を勉強したいと考えました」といった理由でやって来るような国家となることだ。世界中から集まってきた優秀な人々が、新たな産業を興したり、既存の企業を活性化することで、日本全体が元気になっていくのである。

アジアでもっともリスクをとる国になろう

じつは過去を振り返れば、日本は外部の人々を受け入れて活性化してきた歴史を繰り返していることが分かる。2000年以上前から中国や朝鮮半島で政治的動乱がおこるたびに、技術者や知識人たちは日本海を渡って日本へ逃げてきた。

日本に元から住んでいた私たちの祖先は、「たいへんだったね。日本は結果を出せば昇進できる国だから君たちにもチャンスがあるよ」と彼らを基本的に快く受け入れた。そして本当に陶工などのさまざまな技芸で結果を出した渡来人たちには、「苗字」を与えて日本人と同列に遇したのだ。

いうまでもなく、日本人は単一民族だという説はまったくのウソだ。日本列島に元からいた住民たちに加えて世界から亡命してきた人が集まってきた、多民族国家だったのだ。

稲作(水田耕作。陸稲などは縄文時代から日本で栽培されていたという説が現在は有力)や鉄器作りのような当時の「ハイテク」もすべて渡来人がもたらした。日本はアジア全体との関係から見れば、アメリカにおける西海岸的フロンティアだったと見ることができる。アメリカ人たちは、西部開拓時代からチャンスを求めて西に向かって移住していった。その遺伝子は、今なおカリフォルニアやシリコンバレーに残っている。

日本もアジア大陸のなかでチャンスを求める人々が、新天地を求めて移り住んだ地域なのだ。稲作というのは経済学的に見ると、狩猟や漁業に比べて圧倒的に「投資的」なビジネスであると言える。それも非常にハイリスクで、ハイリターンな投資だ。

よくアメリカやイギリスのヘッジファンドのような自分からリスクをとりにいくビジネスのスタイルを「狩猟民族的」と称する。それに対して日本人のような農耕民族は、リスクをとりにいくことを嫌うから狩猟民族にビジネスで敵わないのだ、というような論調がある。

それは本当だろうか。私はまったくの逆で、農耕こそ最たるハイリスク・ハイリターンなビジネスだと考える。

ある土地に種籾《たねもみ》を播《ま》いて、それが半年後に実りをもたらしてくれるかどうか、確実なことは事前には分からない。日照りが続いたり、悪天候で稲が枯れてしまったら、すべての投資が無駄になる。そのかわりうまくいけば、半年後には播いた籾の何百倍、何千倍もの収穫が得られる可能性がある。

これは投資以外の何物でもない。

つまり日本に稲作をもたらし、農業で生きていくライフスタイルを広めた人たちは、狩猟・採集生活の人たちに比べて圧倒的にベンチャー精神を持つ、リスクテイカーだったのだ。

日本という国は歴史的に見ると、アジア中のリスクテイカーが集まってくる国だったのである。われわれはもう一度、日本をフロンティアとして、その勇敢な精神を取り戻す必要があるのではないだろうか。

君に友だちはいらない。必要なのは……

さて、いよいよ本書もこれで終わりとなる。

これまで述べてきたチームアプローチの方法は、あくまで手段にすぎない。

重要なのは、本書を読んでくれた「あなた」が、今日から「一歩」を踏み出してくれることだ。今いる場で仲間を見つけ出し、ともに「不可能」に挑戦していってくれるかどうかだ。

私が2011年に出版した『僕は君たちに武器を配りたい』という本では、今日本を飲み込もうとしている〝本物の資本主義〟の潮流と、それに抗うために「コモディティ」から脱する方法について解説した。

テーマが時流に合っていたためか、幸いにも同書は好調な売れ行きを示し、多くの若い人々に読んでもらえることになった。

しかし読者から聞こえてきた感想のなかに、気になる声があった。

「これは東大や京大で授業をしている教官が語る、エリートの人々だけに通用する考え方だ」

「自分たちのような〝弱者〟には何の武器にもならない」

「そんなものよりも友だちが欲しい。誰かとつながりたい！　承認されたい！……『僕は君たちに友だちを配りたい』」

そのような感想を抱く若者が、少なくなかったのだ。

本書は、それに対する私からの「回答」である。

東大や京大を出ようと、人はひとりでは何もできない。

そもそもグローバル化する世界のなかで、小さな島国のなかだけで通用する大学や会社の名前で「勝った、負けた」と言い合っていることには、何の意味もない。

かつて黒船が襲来したとき、「このままでは日本は滅びる」と危機感を覚え、文字どおり東奔西走して仲間を集めていったのは、20代の若者だった。彼らのなかには「郷士」「下士」と呼ばれる、サムライのなかでも虐げられていた下層階級の人々が少なくなかった。

出身や身分は関係なく、日本を守るというひとつの目的のために彼らは集い、言論を戦わせ、ときには剣をとり、250年以上続いていた江戸幕府を倒すという偉業を成し遂げた。

なかにはきっと、周囲の訳知り顔の大人たちから、「夢みたいなこと言ってないで身の程に従って生きろ」と説教されたものもいることだろう。

だが現在を生きる私たちは、彼らが抱いた壮大なビジョンがきっかけとなり、どれだけ大きなことが成し遂げられたか知っている。

本書を開いているあなたにも、周囲の誰にもまだ話したことがない夢や志がきっとあることだろう。だがその夢や志は、あなたの胸のうちに仕舞われているうちに、いつしか朽ち果てていく。

夢を語り合うだけの「友だち」は、あなたにはいらない。

あなたに今必要なのは、ともに試練を乗り越え、ひとつの目的に向かって突き進んでいく「仲間」だ。

SNSで絡《から》んだり、「いいね！」するだけの「友だち」はいらない。

必要なのは、同じ目標の下で、苦楽をともにする「戦友」だ。

友だちも仲間も他人から「配られる」ものではなく、自分自身の生き方を追求することで、自然にできあがっていくのだ。

だから究極的に必要なのは、他人から与えられたフィクションを楽しむだけの人生を歩むのではなく、自分自身が主人公となって世の中を動かしていく「脚本」を描くことなのだ。

そして、あなたが描いた「物語」に、あるときは「観客」として、またあるときは「カメオ出演」や「エキストラ」として、またあるときは「プロデューサー」として登場し、「仲間」になることを、私は心から楽しみにしている。

★多様な人が多様なチームに属することが社会のダイナミズムを生む。

★日本は、自然発生的に集まった「なあなあ」の関係のゲマインシャフト的な集団を、目的がきちんとあるゲゼルシャフト的な集団へと転換していくプロセスにある。

★歴史的には、日本こそ、東アジアのフロンティアであり、リスクをとってチャレンジする人たちが集まった国である。

★他人の作った、作り物の物語を消費するのではなく、自分自身の人生という物語の脚本を書き、演じろ。

瀧本哲史（たきもと・てつふみ）京都大学産官学連携本部イノベーション・マネジメント・サイエンス研究部門客員准教授。エンジェル投資家。東京大学法学部卒業。東京大学大学院法学政治学研究科助手を経て、マッキンゼー&カンパニーで、おもにエレクトロニクス業界のコンサルティングに従事。内外の半導体、通信、エレクトロニクスメーカーの新規事業立ち上げ、投資プログラムの策定を行う。独立後は、「日本交通」の再建に携わり、エンジェル投資家として活動しながら、京都大学で教育、研究、産官学連携活動を行っている。全日本ディベート連盟代表理事、全国教室ディベート連盟事務局長。著書に『僕は君たちに武器を配りたい』（講談社・2012年ビジネス書大賞受賞）、『武器としての決断思考』（星海社新書）、『武器としての交渉思考』（同）などがある。twitter@ttakimoto

君《きみ》に友《とも》だちはいらない

二〇一三年十一月十五日　第一刷発行

著者　瀧本哲史《たきもとてつふみ》

発行者　鈴木　哲
発行所　株式会社講談社
東京都文京区音羽二丁目一二―二一
郵便番号一一二―八〇〇一
電話　出版部　〇三―五三九五―三五二二
販売部　〇三―五三九五―三六二二
業務部　〇三―五三九五―三六一五

ブックデザイン　吉岡秀典（セプテンバーカウボーイ）
本文データ制作　講談社デジタル製作部
印刷所　慶昌堂印刷株式会社
製本所　黒柳製本株式会社

●編集協力：大越裕

ISBN978-4-06-217620-0
N.D.C.331.87 326p 20cm